RACIONALIDADE, POLÍTICA E DIREITOS HUMANOS

AUTORES:
ADRIANO SOUSA COSTA
HENRIQUE HOFFMANN

RACIONALIDADE, POLÍTICA E DIREITOS HUMANOS

INCLUI
- Quadros esquemáticos
- Tabelas
- Análises de casos do Sistema Interamericano

PREFÁCIO
Flávia Piovesan

2021

EDITORA *Jus*PODIVM
www.editorajuspodivm.com.br

EDITORA *Jus*PODIVM

www.editorajuspodivm.com.br

Rua Território Rio Branco, 87 – Pituba – CEP: 41830-530 – Salvador – Bahia
Tel: (71) 3045.9051
• Contato: https://www.editorajuspodivm.com.br/sac

Capa: Rodrigo Lippi

C837r Costa, Adriano Sousa.
Racionalidade, Política e Direitos Humanos / Adriano Sousa Costa, Henrique Hoffmann – Salvador: Editora JusPodivm, 2021.
192 p.

Inclui bibliografia
ISBN 978-65-5680-181-0

1. Direito Internacional Público. 2. Direitos Humanos. I. Costa, Adriano Sousa. II. Hoffmann, Henrique. III. Título.

CDD 341.1

APRESENTAÇÃO

Desde seus primeiros usos, direitos humanos denotam interpretações diversas. Entendê-los como direitos morais, como ideias e argumentos que direcionam condutas humanas e instituições políticas, movimentou marcos e documentos históricos. A tradição liberal afirma-os tanto nas páginas de pensadores como John Locke e Jean-Jacques Rousseau quanto em momentos como a Revolução Francesa e a Declaração de Independência dos EUA. Se, por um lado, os direitos humanos enquanto direitos morais têm na universalidade sua força de convencimento, afinal todos que compartilham a condição humana seriam seus titulares, por outro, sua materialidade seria frágil, visto que sua proteção não se concretizaria junto a tribunais e outros espaços de implementação de normas.

Contudo, direitos humanos também podem ser compreendidos como direitos jurídicos, como parte de um corpo normativo público do direito. A tradição (também) liberal que os reivindica ressalta a construção do chamado "Estado de Direito" a partir da díade direito-dever, conclamando o ente estatal para tanto proteger tais direitos quanto para ser limitado por eles. Direitos humanos como direitos jurídicos podem até fazer recurso à universalidade, mas tal emprego tem características de retórica argumentativa de natureza moral, e para justificarem sua qualidade de "jurídicos" precisam ser "positivados" através de processos e instituições legítimas. Direitos humanos assim fazem sentido em um tribunal ou em uma peça jurídica de um operador.

Esta diferenciação de direitos humanos como direitos morais ou como direitos jurídicos é necessária para o filósofo Jürgen Habermas. Em *Faktizität und Geltung*, ou *Direito e democracia: entre faticidade e validade* na tradução em português, Habermas trata da relevância crucial do direito em sociedades modernas, em especial no estado democrático constitucional. Ainda que os direitos humanos tenham o que Habermas chamou de "face de Janus" e sejam voltados tanto ao direito quanto à moralidade, a separação das faces se impõe para o filósofo alemão. Direitos Humanos, para Habermas, respaldam validade universal, como normas morais, mas ganham facticidade porquanto pertencem estruturalmente a uma ordem legal coercitiva e positiva. Se o direito é "o moderno direito normativo, que se apresenta com a pretensão à fundamentação sistemática, à interpretação obrigatória e à imposição",[1] direitos humanos são direitos no sentido jurídico na concepção habermasiana. Sua legitimidade ocorre a partir dos processos de positivação legal (*Rechtssetzungsprozesses*), observados os necessários trâmites e instituições da esfera pública democrática.

O texto de Habermas trata de direitos humanos em conexão com a soberania popular, a fim de afirmar a cooriginalidade entre diretos humanos e democracia. Sua preocupação central está mais com os processos "domésticos" desta correlação, ainda que em textos posteriores o próprio Habermas tenha se voltado às instâncias internacionais, em especial a União Europeia.

Assim como Habermas, não são poucos os pensadores e operadores que se dedicam a dar operacionalidade aos direitos humanos. Afirma-los além de direitos morais como direitos jurídicos, sem que com isso se perca seu valor moral, é uma tarefa urgente em um cenário onde apenas a sua declaração é insuficiente para seus usos. Ainda que não possamos perder de vista os debates teóricos e as interpretações controversas que envolvem os direitos humanos, estudos que se dedicam a compreendê-los em seu emprego fazem-se cada vez mais urgentes em contextos de crescente opressão.

---

1 HABERMAS, Jürgen, *Direito e democracia: entre facticidade e validade*. Rio de Janeiro: Tempo Brasileiro, 1997, p. 110.

Esta obra é um estudo ousado e necessário. Trata os direitos humanos como direito jurídico, como parte de um processo legal de produção de obrigações jurídicas. Vai além dos estudos correntes sobre a Comissão Interamericana e suas relações com os Estados: quer analisar como o resultado do que a instituição internacional produz é entendido por aqueles que ela pretende afetar o comportamento, os Estados. Seu recorte conceitual é ousado na medida em que se inspira no modelo teórico da escolha racional, assim como em um ferramental de políticas públicas para analisar as soluções da Comissão Interamericana de Direitos Humanos.

Os autores oferecem ao público uma obra que combina rigor metodológico, ambição empírica e capacidade analítica. Os resultados da pesquisa são instigantes e contra intuitivos, o que aumenta sua relevância para aqueles que querem compreender melhor instituições internacionais, políticas públicas e direitos humanos. Os campos do direito, ciência política e relações internacionais se beneficiam enormemente com esta contribuição.

João Roriz

Professor de Relações Internacionais, Faculdade de Ciências Sociais, Universidade Federal de Goiás. Pós-doutor, Universidade de Oxford. Doutor, Faculdade de Direito, Universidade de São Paulo.

PREFÁCIO

Foi com muita alegria que aceitei o especial convite para prefaciar esta obra.

Cabe à Comissão Interamericana proteger e promover os direitos humanos nas Américas. Nos termos do artigo 41 da Convenção Americana de Direitos Humanos, a Comissão tem a função principal de promover a observância e a defesa dos direitos humanos e, no exercício de seu mandato, tem as seguintes funções e atribuições: a) estimular a consciência dos direitos humanos nos povos da América; b) formular recomendações aos governos dos Estados-membros, quando considerar conveniente, no sentido de que adotem medidas progressivas em prol dos direitos humanos no âmbito de suas leis internas e seus preceitos constitucionais, bem como disposições apropriadas para promover o devido respeito a esses direitos; c) preparar estudos ou relatórios que considerar convenientes para o desempenho de suas funções; d) solicitar aos governos dos Estados-membros que lhe proporcionem informações sobre as medidas que adotarem em matéria de direitos humanos; e) atender às consultas que, por meio da Secretaria-Geral da Organização dos Estados Americanos, lhe formularem os Estados-membros sobre questões relacionadas com os direitos humanos e, dentro de suas possibilidades, prestar-lhes o assessoramento que lhes solicitarem; f) atuar com respeito às petições e outras comunicações, no exercício de sua autoridade, de conformidade com o disposto nos artigos 44 a 51 desta Convenção; e g) apresentar um relatório anual à Assembleia Geral da Organização dos Estados Americanos.

Promover, monitorar e proteger os direitos humanos na região constituem a vocação maior da Comissão Interamericana, ao conjugar as funções conciliadora (por exemplo, ao buscar o alcance de soluções amistosas entre Estados e vítimas, quando da violação de direitos); assessora (por exemplo, ao recomendar a adoção de medidas aos Estados para promover direitos humanos); crítica (por exemplo, ao informar sobre a situação dos direitos humanos em um Estado membro da OEA, depois de ter ciência dos argumentos do Estado, quando persistirem essas violações); promotora (por exemplo, ao elaborar estudos sobre temas de direitos humanos, a fim de promover seu respeito); protetora (por exemplo, ao atuar em casos de extrema gravidade e urgência, a fim de evitar danos irreparáveis às pessoas); e preventiva (por exemplo, ao estimular a cultura de direitos humanos na região, mediante cooperação técnica, com programas de capacitação aos mais diversos atores sociais, fortalecendo a institucionalidade e políticas públicas com enfoque de direitos humanos, considerada a diversidade regional).

A Comissão Interamericana tem exercido um extraordinário papel na difusão de parâmetros protetivos regionais relativos à salvaguarda da dignidade humana (o chamado "corpus iuris interamericano"), que simbolizam um piso protetivo mínimo e não um teto máximo de proteção. Tais parâmetros protetivos têm propiciado a compensação de déficits nacionais, fomentando avanços em marcos legislativos e políticas públicas em matéria de direitos humanos, bem como prevenindo recuos e retrocessos no regime de proteção de direitos.

O mandato transformador do sistema interamericano se alicerça em três componentes essenciais: a absoluta centralidade das vítimas (razão de ser do sistema interamericano, o que justifica e legitima sua existência mesma); o *corpus juris* interamericano (como um patrimônio civilizatório regional abarcando os standares interamericanos); e o instituto da reparação integral (violações estruturais apresentam causas estruturais, o que demanda a incidência transformadora do sistema interamericano mediante garantias de não repetição capazes de impulsionar mudanças estruturais em políticas públicas e marcos normativos).

Neste contexto se insere o primoroso estudo, que tenho a honra em prefaciar. Trata-se de pesquisa consistente, sólida e inovadora, que toma como universo empírico de análise as recomendações e os acordos contidos no relatório de seguimento da CIDH publicado em 2017, avaliando o seu grau de cumprimento, com destaque aos custos de implementação de políticas públicas por parte dos Estados. O enfoque principal do trabalho centra-se no Estado e os custos econômicos, institucionais, legais e políticos no cumprimento de recomendações interamericanas.

Relevantes hipóteses lançadas são testadas ao longo da análise, compreendendo: a) se soluções de casos menos complexos têm maior propensão de cumprimento; b) se a forma da solução da demanda (se amistosa ou meritória) influencia a propensão ao cumprimento; c) se Estados federados ou unitários têm maior ou menor grau de cumprimento das soluções; e d) se Estados e sociedades considerados mais livres têm maior propensão de cumprimento das decisões.

Uma das importantes conclusões do primoroso estudo é a maior probabilidade de soluções amistosas terem cumprimento total, se comparadas com soluções chamadas meritórias. A própria Comissão Interamericana em sua larga experiência institucional confirma esta hipótese de que a participação dos envolvidos no processo de construção da solução potencializa as probabilidades de seu cabal cumprimento. Em conformidade com o Plano Estratégico da Comissão Interamericana, destaca-se a meta de expansão do uso das soluções amistosas.

Também se concluiu que nos regimes livres se aumentam as possibilidades de cumprimento, já que não contam com a resistência institucional e ideológica de regimes menos livres. Modelo federados impõem ainda maior complexidade e dificuldade para o cumprimento total das decisões, que os modelos não federados, de acordo com conclusões da pesquisa.

Com elevado rigor metodológico, a ambição maior do estudo é identificar fatores capazes de incrementar o cumprimento das recomendações interamericanas por parte dos Estados, consirando a racionalidade do governante, a partir de um índice de efetividade geral de ferramentas.

Fortalecer a efetividade do sistema interamericano e potencializar o seu impacto, avaliando seus fatores impulsionadores, bem como os custos governamentais de diversas ordens (institucionais, econômicos, políticos e legais), surgem, assim, como o objetivo central do presente livro.

O Sistema Interamericano salvou e salva vidas. Permitiu a desestabilização dos regimes ditatoriais; exigiu justiça nas transições democráticas; e agora demanda o aprimoramento das instituições democráticas com o combate às violações de direitos humanos e proteção aos grupos mais vulneráveis.

Ao assegurar a salvaguarda de direitos, a Comissão Interamericana tem exercido um relevante papel na consolidação de parâmetros protetivos mínimos em defesa da dignidade humana, impulsionando avanços internos em relação a marcos legislativos e a políticas públicas na região.

A presente obra oferece uma contribuição qualificada e valiosa ao fortalecimento da efetividade do sistema interamericano e de seu impacto transformador na região.

Flávia Piovesan

Professora doutora em Direito Constitucional e Direitos Humanos da PUC-SP; visiting fellow do Human Rights Program da Harvard Law School (1995 e 2000); visiting fellow do Centre for Brazilian Studies da University of Oxford (2005); visiting fellow do Max Planck Institute for Comparative Public Law and International Law (Heidelberg – 2007; 2008; 2015-2019); Humboldt Foundation Georg Forster Research Fellow no Max Planck Institute (Heidelberg – 2009-2014); Visiting Scholar do David Rockefeller Center for Latin American Studies, Harvard University (2018); foi membro da UN High Level Task force for the implementatiton of the right to development e membro do OAS Working Group para o monitoramento do Protocolo de San Salvador em matéria de direitos econômicos, sociais e culturais. Membro da Comissão Interamericana de Direitos Humanos (2018 a 2021).

SUMÁRIO

Capítulo 1

SISTEMA E COMISSÃO INTERAMERICANA DE DIREITOS HUMANOS

1.1. Sistema Interamericano de Direitos Humanos

Após a Segunda Guerra Mundial, vieram à tona discussões acerca da necessidade de se implantar uma rede internacional de proteção aos direitos humanos, ante a deficiência dos Estados em cumprir tal missão. O totalitarismo rompeu com o paradigma dos direitos humanos, negando o valor da pessoa humana, em verdadeira coisificação do ser humano. Nesse contexto, se antes da Guerra houvesse um efetivo sistema de proteção internacional de direitos humanos, talvez a barbárie pudesse ter sido evitada.[1] Em razão desse período atroz da história, a humanidade passou a compreender o valor supremo da dignidade da pessoa humana, em torno do qual gravitam diversos direitos fundamentais, bem como a necessidade de implementação imediata de um modelo global de salvaguarda aos direitos de todos.

Por mais que os países instituam internamente órgãos de controle e de proteção no sentido de tutelar os direitos humanos (com amparo especialmente nas Constituições de cada país), quando essa defesa falha, abre-se a necessidade de salvaguarda feita por órgãos internacionais criados para tal fim. Essa foi uma das fórmulas encontradas mundialmente para evitar que atos de desumanidade, semelhantes aos vivenciados naquele período de conflito armado, voltassem a acontecer.

1 PIOVESAN, Flávia. *Direitos humanos e justiça internacional*: um estudo comparativo dos sistemas europeu, interamericano e africano. São Paulo: Saraiva, 2013, p. 41.

A organização da sociedade política deve ser feita de modo a não apenas legitimar o poder, mas também instituir-lhe um freio,[2] possibilitando o bem comum tanto por ações quanto por abstenções. E se esse controle não funcionar no âmbito nacional, a sociedade deve ser capaz de criar mecanismos internacionais para lidar com as violações de direitos das pessoas. Nesse sentido, a inabilidade do Estado em resolver uma querela no âmbito nacional pode levar à sua solução na esfera internacional.

Nesse cenário, foram editados tratados e convenções internacionais num movimento de internacionalização dos direitos humanos. É nesse panorama que se inserem os sistemas internacionais de proteção aos direitos humanos, por meio de um Sistema Global baseado em órgão (Organização das Nações Unidas) e tratados internacionais (principalmente Carta da ONU e Declaração Universal dos Direitos Humanos), além de sistemas regionais também baseados em órgão (Organização dos Estados Americanos) e convenções internacionais (especialmente Carta da OEA, Declaração Americana de Direitos e Deveres do Homem e Convenção Americana de Direitos Humanos).

Os sistemas regionais de proteção apresentam mais vantagens quando comparados ao sistema global, dada a existência de certa homogeneidade cultural, política e econômica dos países, facilitando com isso a padronização no trato de questões relacionadas aos direitos humanos.

Essa aproximação humanística é facilitada inclusive pelo fato de haver intensas conexões comerciais entre tais países. O temor de abalo das relações econômicas pode fortalecer esse tipo de sistema, porquanto o descrédito internacional no contexto humanístico tem força para afetar as relações negociais e políticas entre o país violador e os demais membros do bloco.

Embora tenha havido questionamentos iniciais contra a instauração de sistemas regionais de direitos humanos, especial-

---

2 BONAVIDES, Paulo. *Ciência política*. 10. ed. rev. e atual. São Paulo: Malheiros, 1999, p. 136-138.

mente por parte das Nações Unidas (com sua ênfase na universalidade), os benefícios de se contar com tais sistemas são hoje em dia amplamente aceitos. Países de uma determinada região frequentemente têm interesses compartilhados, dentre eles o de proteger os direitos humanos naquela parte do mundo, existindo a vantagem da proximidade como fator de influência comportamental recíproca, facilitando a concordância em padrões comuns de atuação, coisa que o sistema global não oferece.[3]

O Sistema Interamericano de Direitos Humanos iniciou-se formalmente com a aprovação da Declaração Americana de Direitos e Deveres do Homem 1948, bem como a Carta da OEA, que estabelece os direitos fundamentais da pessoa humana como um dos princípios fundadores da Organização.

Não obstante a importância do Sistema Interamericano de Direitos Humanos, a adesão dos países que compõem a Organização dos Estados Americanos (OEA) é facultativa. O que não constitui empecilho para que a Comissão Interamericana de Direitos Humanos atue também em face dos países que não aderiram ao sistema regional interamericano, diferentemente do que acontece com a Corte Interamericana (a qual precisa de adesão expressa do país para legitimar essa atuação).

> Convenção Americana de Direitos Humanos
>
> Artigo 44. Qualquer pessoa ou grupo de pessoas, ou entidade não-governamental legalmente reconhecida em um ou mais Estados membros da Organização, pode apresentar à Comissão petições que contenham denúncias ou queixas de violação desta Convenção por um Estado Parte. (...)
>
> Artigo 61. 1 Somente os Estados Partes e a Comissão têm direito de submeter caso à decisão da Corte.

A Comissão, criada em 1959, possui posição privilegiada no Sistema Interamericano. É a Comissão Interamericana de Direitos

3 HEYNS, Christof; PADILLA, David; ZWAAK, Leo. *Comparação esquemática dos sistemas regionais de direitos humanos: uma atualização*. SUR: Revista Internacional de Direitos Humanos, São Paulo, v. 3, n. 4, jan./jun. 2006, p. 161.

Humanos (CIDH) que recebe milhares de petições[4], sendo que só parte delas é encaminhada para a Corte Interamericana de Direitos Humanos. Em síntese, a Corte só recebe demandas que não são solvidas no âmbito da Comissão.

Registre-se, por oportuno, que, como a Declaração Americana de Direitos e Deveres do Homem não era um instrumento de caráter obrigatório, contendo prescrições de cunho moral, não houve o adequado refreamento de violações a direitos fundamentais, razão pela qual a OEA percebeu a necessidade de um documento obrigatório de proteção. Nesse panorama, foi aprovada a Convenção Americana de Direitos Humanos. A CADH estabelecia o sistema de direitos humanos interamericano baseado em duas instituições principais: a Comissão (já em funcionamento) e a Corte Interamericana de Direitos Humanos. Com efeito, o Sistema Interamericano de Direitos Humanos passou a apresentar duas vertentes distintas: uma desenvolvida a partir da Carta da OEA (que envolve todos os Estados membros da OEA), e outra baseada na Convenção (obrigatória apenas para os países signatários do documento).

Dupla vertente do Sistema Interamericano de Direitos Humanos	
Carta da OEA	Convenção Americana de Direitos Humanos
todos os Estados membros	países signatários do documento

A Comissão tem competência para atuar com base na Carta da OEA, na CADH e também pelo Estatuto da CIDH e pelo Regulamento da CIDH, possuindo jurisdição sobre todos Estados membros da OEA, o que faz dela o órgão central do sistema. Isso porque o outro órgão base, a Corte IDH, possui restrições de atuação em alguns países que não reconhecem sua jurisdição ou simplesmente não são signatários da Convenção.[5]

4 Até o ano de 2017, haviam sido apresentadas 19.277 petições à Comissão Interamericana de Direitos Humanos. Os dados estão acessíveis no *site* oficial: <http://www.oas.org/es/cidh/multimedia/estadisticas/estadisticas.html>. Acesso em: 27 jan. 2018.

5 GALLI, Maria Beatriz; DULITZKY, Ariel E. A Comissão Interamericana de Direitos Humanos e o seu papel central no Sistema Interamericano de Proteção dos Direitos Humanos.

Órgãos base do Sistema Interamericano de Direitos Humanos	
Comissão Interamericana de Direitos Humanos	Corte Interamericana de Direitos Humanos
órgão central	
jurisdição sobre todos Estados membros da OEA	atuação restrita a signatários da Convenção que reconhecem sua jurisrição

Essa dualidade de atribuições da Comissão no Sistema Interamericano configura característica única deste hemisfério, dando a ele contornos diferentes do sistema europeu.[6]

1.2 Comissão Interamericana de Direitos Humanos

A OEA, organização que reúne os países independentes das Américas, apóia-se em quatro pilares fundamentais: democracia, direitos humanos, segurança e desenvolvimento.

A Comissão é um órgão principal e autônomo da OEA. A CIDH é integrada por sete membros independentes, especialistas em direitos humanos, que não representam nenhum país e são eleitos pela Assembléia Geral da OEA. A Comissão possui apoio técnico e administrativo da secretaria executiva.

A Comissão Interamericana de Direitos Humanos é competente para examinar violações dos direitos humanos protegidos por diversos tratados interamericanos de direitos humanos.

Tratados Interamericanos de Direitos Humanos	
Convenção Americana sobre Direitos Humanos	Convenção Interamericana para Prevenir e Punir a Tortura
Protocolo Adicional à Convenção Americana sobre Direitos Humanos em Matéria de Direitos Econômicos, Sociais e Culturais	Protocolo à Convenção Americana sobre Direitos Humanos Relativo à Abolição da Pena de Morte

---

In: GOMES, Luiz Flávio; PIOVESAN, Flávia. O *Sistema Interamericano de proteção dos direitos humanos e o Direito Brasileiro*. São Paulo: Revista dos Tribunais, 2000, p. 62.

6 GROS ESPIELL, Héctor. *La Convention américaine et la Convention européenne des droits de l'Homme: analyse comparative*. In: Recueil des Cours de l'Academie de Droit International de la Haye, n. 218, 1989, p. 311.

Tratados Interamericanos de Direitos Humanos	
Convenção Interamericana para Prevenir, Punir e Erradicar a Violência contra a Mulher	Convenção Interamericana sobre Desaparecimento Forçado de Pessoas
Convenção Interamericana para a Eliminação de Todas as Formas de Discriminação contra as Pessoas Portadoras de Deficiência	

Principais direitos humanos protegidos	
vida	reconhecimento da personalidade jurídica
integridade pessoal	não ser submetida a escravidão e servidão
liberdade pessoal	garantias judiciais
legalidade e da irretroatividade	ser indenizada por erro judiciário
honra e da dignidade	consciência e de religião
pensamento e de expressão	reunião e associação
proteção da família	nome
nacionalidade	propriedade privada
circulação e de residência	políticos
igualdade	econômicos, sociais e culturais

Além de atuar em casos individuais, a CIDH elabora relatórios sobre países, abordando violações sistemáticas ou violações relacionadas a problemas estruturais de determinado Estado. O Brasil, contudo, ao depositar a Convenção, fez uma reserva no sentido de que a Comissão somente pode realizar visitas e inspeções *in loco* mediante anuência expressa do Estado brasileiro.

Pilares da atuação da Comissão Interamericana de Direitos Humanos		
Sistema de Petição Individual	monitoramento da situação dos direitos humanos nos Estados Membros	atenção a linhas temáticas prioritárias

Uma violação a direitos humanos, desde que não resolvida internamente, pode ser apresentada mediante petição para análise da CIDH. Essa é uma condição elementar para legitimar a atuação da Comissão, tendo em vista que a ausência de solução interna do caso é que faz aflorar os interesses antagônicos entre o Estado violador e a vítima (ou representante legal). O esgotamento dos remédios internos é uma maneira de permitir que o Estado possa resolver as disputas dentro de seu próprio ordenamento jurídico, porquanto - para os defensores da visão dualista - o Direito Internacional foi concebido como um sistema subsidiário ao direito interno.

Essa complementariedade da CIDH frente à atuação do Estado pode ser visualizada expressamente no texto na Convenção Americana de Direitos Humanos (CADH), juntamente com outros requisitos estampados no artigo 46.

Requisitos de admissibilidade de petição ou comunicação pela CIDH
que hajam sido interpostos e esgotados os recursos da jurisdição interna, de acordo com os princípios de direito internacional geralmente reconhecidos
que seja apresentada dentro do prazo de seis meses, a partir da data em que o presumido prejudicado em seus direitos tenha sido notificado da decisão definitiva
que a matéria da petição ou comunicação não esteja pendente de outro processo de solução internacional
que, no caso do artigo 44, a petição contenha o nome, a nacionalidade, a profissão, o domicílio e a assinatura da pessoa ou pessoas ou do representante legal da entidade que submeter a petição

Os recursos judiciais internos que devem ser esgotados são aqueles adequados e eficazes.

Um recurso judicial é adequado quando sua interposição é capaz de proteger o direito violado. Por exemplo, o *habeas corpus* no caso de um desaparecimento forçado. De outro lado, um recurso judicial é eficaz quando pode obter o resultado para o qual foi criado. Por exemplo, a decisão judicial proferida sem atraso injustificado.

No entanto, excepcionalmente a Comissão pode estudar uma solicitação em que os recursos internos não tenham sido esgotados.

Exceções ao esgotamento dos recursos internos
leis internas não estabelecerem o devido processo para proteger os direitos violados
proibição de acesso pela vítima aos recursos internos ou de seu esgotamento
demora injustificada na emissão de decisão final sobre o caso
situação de indigência da vítima de tal modo que não possa pagar advogados, e estes sejam exigidos legalmente sem que o Estado ofereça serviço gratuito de assistência advocatícia

A denúncia deve ser apresentada dentro dos seis meses que se seguirem à data da notificação da decisão judicial definitiva que esgotou os recursos internos. Quando se trata de exceção do esgotamento dos recursos internos, o prazo de seis meses não se aplica, devendo ser apresentado dentro de um prazo razoável.

Qualquer pessoa, grupo de pessoas ou organização, no seu próprio nome ou no de terceiros, pode apresentar petições para denunciar violações dos direitos humanos contra um ou mais Estados da OEA. A Comissão não exige a representação de advogado na apresentação e tramitação da petição. Os procedimentos são gratuitos, não dependendo do pagamento de custas.

Após a avaliação preliminar, a Comissão pode decidir: (1) não tramitar a petição; (2) solicitar informações ou documentos adicionais; ou (3) iniciar a tramitação.

Quando a petição entra na etapa de admissibilidade, significa que foram cumpridos os requisitos necessários para que a Comissão estude a petição, mas não implica necessariamente uma decisão quanto à matéria apresentada. Nessa hipótese, a petição apresentada será enviada ao Estado para que apresente suas observações.

Se a petição for admitida, a CIDH analisa as alegações das partes e as provas apresentadas. Nesta etapa, pode pedir mais informações, provas e documentos ao Estado e à parte peticionária e, caso seja necessário, pode convocar uma audiência ou reunião de trabalho.

É pressuposto também de uma petição junto à CIDH a demonstração de conduta inadequada (omissiva ou comissiva) por parte do Estado violador, sob pena de sua não admissão. Nesse sentido está o artigo 48 da Convenção Americana de Direitos Humanos (Pacto de San José da Costa Rica).

Antes de apresentada a petição internacional, o Estado violador pode negligenciar os anseios das vítimas ou mesmo tentar convencê-las de que está empreendendo todos os esforços no sentido de reparar o mal causado; já a vítima decide se vai ou não denunciar essa leniência aos órgãos internacionais. Note-se que, nessa fase propedêutica, é comum que o governante nem seja um dos atores principais, porquanto, em face da divisão de poderes, cabe ao Poder Judiciário a decisão sobre as pretensões judicializadas.

É só com a apresentação da petição no âmbito da CIDH que se torna possível a solução amistosa internacional para o caso. É possível chegar a uma solução consensuada com o Estado, dependendo da vontade das partes. Consiste em negociações para resolver o assunto sem precisar concluir o processo litigioso, sob a supervisão da Comissão. Os atores principais nesse momento passam a ser o governante do Estado violador e a vítima (ou seu representante). Frise-se que quem costuma representar o Estado violador no âmbito internacional é o chefe do Executivo (ou quem por ele for determinado consoante a norma máxima do país).

Para exemplificar, vale sublinhar que a Constituição do Brasil estipula que é competente para celebrar atos internacionais em nome do governo brasileiro o Presidente da República (art. 84, VIII, da Constituição Federal de 1988). Ao Ministro de Estado das Relações Exteriores cabe "auxiliar o Presidente da República na formulação da política exterior do Brasil, assegurar sua execução e manter relações com Estados estrangeiros, organismos e organizações internacionais" (Decreto 2.246/97).

O cenário ideal é sempre a solução amistosa, possibilitando equalizar o desejo de reparação da vítima com os custos do governante. Isso também seria adequado pelas premissas colaborativas a que um sistema de proteção humanitário deve se vincular. Contudo, de antemão, há que se dizer que não há uma desproporção tão grande de casos envolvendo soluções amistosas

(109)[7] e meritórias (98)[8] na Comissão Interamericana de Direitos Humanos, o que indica que nem sempre os governantes optam pela solução consensuada.

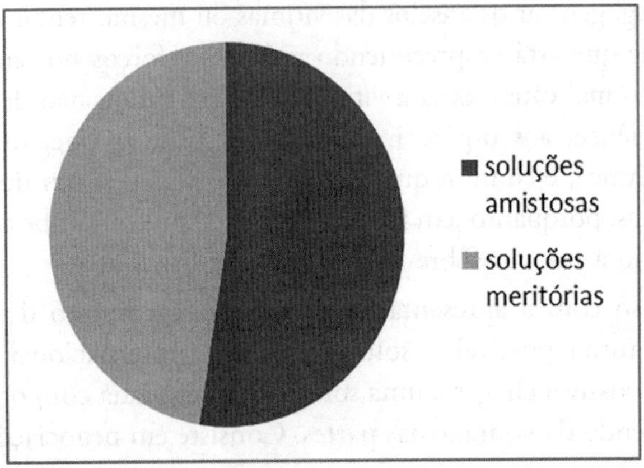

Ainda sobre essa fase inicial do procedimento da CIDH, nota-se que a função da Comissão é de uma *homologadora* de eventual pacto firmado entre as partes, desde que, por óbvio, não tenha sido rechaçado o recebimento da petição por ofensa à regularidade, à legalidade e à voluntariedade. Portanto, nessa fase, não age a CIDH como parte diretamente envolvida, mas pode ser chamada a atuar na negociação com função de mediação. Isso não indica que a Comissão seja parte do acordo, mas, também, não se pode pensar que ela não funcione como facilitadora do processo de entendimento. Vale frisar que até mesmo as decisões amistosas continuam a ser acompanhadas pela CIDH, visando a averiguar se todos os pontos do acordo foram integralmente cumpridos pelo país violador. Só nessa hipótese é que tal caso

7 CIDH, Relatório Anual. Mar. 2017 Disponível em: <http://www.oas.org/es/cidh/docs/anual/2016/docs/InformeAnual2016cap2Dseguimiento-es.pdf> Acesso em: 06 mai. 2017.

8 CIDH, Relatório Anual. Mar. 2017 Disponível em: <http://www.oas.org/es/cidh/docs/anual/2016/docs/InformeAnual2016cap2Dseguimiento-es.pdf> Acesso em: 06 mai. 2017.

passa a constar no relatório anual da Comissão com o *status* de cumprido totalmente.

Não tendo sido o caso objeto de solução amistosa, e sendo admitida a petição inicial, a Comissão Interamericana de Direitos Humanos passa a dar prosseguimento à demanda nos termos do artigo 48, decidindo então o mérito do caso, determinando se o Estado é ou não responsável pela violação aos direitos humanos. A Comissão emite um relatório sobre o mérito, que pode incluir recomendações ao Estado. Quando o Estado não cumpre as recomendações, a Comissão pode decidir: (1) publicar o caso; ou (2) submeter o caso à Corte IDH, se assim julgar procedente.

Frise-se que será sempre possível o arquivamento do pleito, mesmo após a petição ter sido admitida. Isso porque, mesmo tendo havido juízo de admissibilidade da demanda, e malograda a tentativa de resolução amistosa do caso, poderá a CIDH mandar arquivar o expediente se não estiverem presentes os requisitos para o prosseguimento da demanda.

Enfim, se não for o caso de arquivamento ou de acordo, a Comissão confeccionará um relatório, no qual fará constar recomendações ao Estado violador, nos termos da CADH:

> Artigo 50.
>
> 1. Se não se chegar a uma solução, e dentro do prazo que for fixado pelo Estatuto da Comissão, esta redigirá um relatório no qual exporá os fatos e suas conclusões. Se o relatório não representar, no todo ou em parte, o acordo unânime dos membros da Comissão, qualquer deles poderá agregar ao referido relatório seu voto em separado. Também se agregarão ao relatório as exposições verbais ou escritas que houverem sido feitas pelos interessados em virtude do inciso 1, e, do artigo 48.
>
> 2. O relatório será encaminhado aos Estados interessados, aos quais não será facultado publicá-lo.
>
> 3. Ao encaminhar o relatório, a Comissão pode formular as proposições e recomendações que julgar adequadas.
>
> Artigo 51.
>
> 1. Se no prazo de três meses, a partir da remessa aos Estados interessados do relatório da Comissão, o assunto não houver

> sido solucionado ou submetido à decisão da Corte pela Comissão ou pelo Estado interessado, aceitando sua competência, a Comissão poderá emitir, pelo voto da maioria absoluta dos seus membros, sua opinião e conclusões sobre a questão submetida à sua consideração.
>
> 2. A Comissão fará as recomendações pertinentes e fixará um prazo dentro do qual o Estado deve tomar as medidas que lhe competirem para remediar a situação examinada.
>
> 3. Transcorrido o prazo fixado, a Comissão decidirá, pelo voto da maioria absoluta dos seus membros, se o Estado tomou ou não medidas adequadas e se publica ou não seu relatório.

Essas recomendações são passadas sigilosamente para o Estado parte e, caso as recomendações não sejam cumpridas, a CIDH decide se publicará tal demanda no relatório anual de seguimento de casos.

Percebe-se, então, que a posição da CIDH só se torna privilegiada na fase de recomendação de *fundo* (mérito), pois é a partir dela que se diminui o poder de o governante e a vítima interferirem na substância de tal decisório unilateral da Comissão (por mais que ainda seja possível que as partes façam um acordo intercorrente e confiram nova roupagem à decisão meritória da CIDH). Por fim, o governante, ao receber o decisório da Comissão (mérito), deverá deliberar se executa as recomendações.

Importante citar que tais recomendações não são dotadas de verdadeira coerção, principalmente quando se olha pelo prisma da possibilidade de se impor o que foi determinado, seja à base da força física ou de sanções de outra natureza (a exemplo das sanções econômicas). Na verdade, não há um órgão internacional, no Sistema Interamericano de Direitos Humanos, que faça a função de corporação policial.

Por isso, se não houver o atendimento das recomendações ou do que fora acordado, é possível a aplicação de algumas providências previstas nos regramentos da CIDH (como o encaminhamento à Corte Interamericana) e da própria Organização dos Estados Americanos, além de retaliações político-econômicas oriundas dos outros países-membros do grupo.[9] Nada tão gravoso como a expulsão do bloco (como é o caso do Sistema Europeu) ou mesmo de intervenção internacional bélica.

De qualquer sorte, após a expedição da recomendação, a CIDH passa a acompanhar (e atualizar) o *status* de cumprimento das medidas que compõem a solução nos seus relatórios anuais de seguimento: (1) cumprido totalmente, (2) parcialmente cumprido e (3) pendente de cumprimento (não cumprido).

O reiterado descumprimento aos direitos humanos traz como punição a menção expressa dessa situação no relatório anual enviado pela Comissão à Assembleia Geral da OEA, nos termos do art. 59 do Regulamento da Comissão Interamericana de Direitos Humanos.

Importante sublinhar que a Comissão não tem competência para atribuir responsabilidade individual, isto é, não pode determinar se uma pessoa é ou não culpada. Pode apenas determinar a responsabilidade internacional de um Estado membro da OEA.

Em casos de gravidade e urgência, mediante cumprimento de certos requisitos, a Comissão pode adotar medidas cautelares, por iniciativa própria ou a pedido, para prevenir danos irreparáveis a pessoas que se encontrem sob sua jurisdição. Independentemente de qualquer caso em avaliação, e com possibilidade de avaliação periódica da pertinência de manter a vigência das medidas cautelares outorgadas.

Grife-se que a atuação dos membros da Comissão é independente e pessoal, não agindo como representantes dos seus

---

9 A intervenção deverá ser praticada através de organização internacional (Nações Unidas), da qual todos os países envolvidos sejam membros. Os Estados, agindo individual ou coletivamente, têm o direito de adotar em relação a outro Estado que tenha violado as suas obrigações na matéria medidas diplomáticas, econômicas e outras admitidas pelo direito internacional, desde que não se trate de emprego de força armada. (ACCIOLY, Hildebrando; NASCIMENTO e SILVA, Geraldo Eulálio do. *Manual de Direito Internacional Público*. 15 ed. São Paulo: Saraiva, 2002, p. 133).

respectivos Estados, o que favorece uma leitura mais avançada do Estatuto e do Regulamento da CIDH.[10]

Por fim, registre-se que, por mais que a Comissão desempenhe papel de grande relevo e possa inclusive exarar recomendações, ainda assim não pode ser tida como órgão jurisdicional, mas apenas um órgão **quase jurisdicional.**[11]

10 CANÇADO TRINDADE, Antônio Augusto. *Direito das organizações internacionais.* Belo Horizonte: Del Rey, 2012, p. 36.

11 BICUDO, Hélio. *A Comissão Interamericana de Direitos Humanos: funções e atuação.* In: A proteção internacional dos direitos humanos e o Brasil. Brasília: Superior Tribunal de Justiça, 2000, p. 72.

Capítulo 2

TEORIA DA DECISÃO RACIONAL

2.1. Teoria da decisão racional

Após se alcançar a compreensão mínima acerca das regras e dos procedimentos legais no âmbito da CIDH, passa a ser possível fixar as balizas teóricas adequadas à investigação mais profunda sobre a atuação racional dos agentes, especialmente no que tange às deliberações dos governantes na implementação das soluções de direitos humanos desenhadas pela Comissão.

O modelo de **tomada de decisão racional** possui aptidão para a explicação potencial das decisões travadas no âmbito interamericano. A principal justificativa para se utilizar o pressuposto de decisão racional do governante é que tal modelo teórico é apto a conferir homogeneidade às hipóteses (e às respectivas conclusões) frente à análise de custos e de benefícios realizada pelos referidos tomadores de decisão.

Pressupõe-se que, dentre as várias formas de decidir, os agentes optaram por fazê-lo com base em **estratégias racionais**[1], sendo circunstâncias importantes nessa tomada de decisão algumas das idiossincrasias do Estado a que se vinculam (as quais foram adotadas como variáveis).

Por isso, a **racionalidade** da decisão do agente não é uma hipótese, mas sim um de seus **pressupostos**, o que acaba garantindo um nivelamento finalístico entre os mais diversos gover-

---

1 BARROS, Gustavo. Herbert A. *Simon and the concept of rationality: boundaries and procedures.* Revista de Economia Política, 2010, vol. 30, n. 3, p. 457.

nantes dos países que possuem casos mencionados no relatório de seguimento da CIDH.

O que permite a homogeneização das decisões dos governantes do Equador e o dos Estados Unidos, por exemplo, é o pressuposto de decisão racional de ambos (*homo economicus*). Se o homem-calculador é o que há de comum nos referidos exemplos, funcionam os **fatores contextuais** (a exemplo dos culturais, econômicos e políticos) como as circunstâncias realmente **diferenciadoras** dos diversos casos analisados.

Nesse prumo, o que permite pressupor certa **estabilidade** nas **decisões** de vários **governantes** que se sucedem no mesmo país é que tais fatores internos dos países não costumam se alterar tanto assim, permanecendo as restrições e os estímulos (impostos aos governantes anteriores e posteriores) relativamente estáveis. Os compromissos e as alianças político-eleitorais podem se alterar, mas a necessidade de lidar com as pressões contextuais se mantêm constante.

É claro que nem sempre os governantes conseguem ver o problema de forma idêntica. Grosso modo, é daí que vem a diferença entre a teoria da racionalidade completa (downsiana) e a teoria da racionalidade limitada (incompleta). Se no modelo **completo** o indivíduo decide em um mundo quase ideal, na teoria da racionalidade **limitada** a pessoa age com fortes restrições contextuais e informacionais (conduzindo não à melhor decisão em abstrato, mas à melhor deliberação possível no caso concreto).

	Racionalidade completa (*downsiana*)	**Racionalidade limitada (incompleta)**
Quantidade de informações e de alternativas disponíveis	muitas (mundo quase ideal)	poucas (fortes restrições contextuais e informacionais)

Infere-se que as pessoas, quando o assunto não é trivial, agem da forma mais **estratégica** possível fazendo **cálculos de utilidade**

esperada. Fazem juízos prospectivos acerca de qual decisão pode lhes garantir **melhores resultados**, mesmo que não os alcancem sempre. Ser racional, nesses termos, não é ser bem-sucedido, mas sim **potencializar as suas chances** pelo uso de caminhos mais estratégicos e racionais.

É óbvio que um modelo pautado em tais premissas é passível de sofrer críticas, até porque existem outras teorias explicativas. Contudo, para ponderar tais discordâncias, merecem ser utilizadas outras **abordagens** pontualmente interessantes, a exemplo de outras **institucionalistas** (ideacional, sincrético, histórica e sociológica).

As críticas mais ácidas podem advir do fato de ser improvável que todos os homens decidam sempre tão calculadamente, principalmente em contextos ordinários. Contudo, não se pressupõe que as pessoas sejam todas e sempre estratégicas. Deduz-se apenas que, no contexto de arenas muito sofisticadas, como é o caso das relações travadas no âmbito internacional, os atores envolvidos ajam racionalmente e buscando à **máxima vantagem possível**.

Ademais, qualquer modelo pautado na decisão racional constitui mais uma **representação aproximada** da conduta humana ordinária do que uma realidade inconteste. Destarte, se o modelo de atuação racional não retratar sempre a realidade cotidiana, ao menos fornecerá uma explicação fundamental para as relações travadas no âmbito internacional.

Mesmo que nem todos os homens se portem tão racionalmente, a realização de condutas estratégicas e autointeressadas por parte considerável dos indivíduos traz certa **uniformidade** racional para o conjunto. Embora os indivíduos não sofisticados tomem decisões não informadas, os mais informados anteciparão esse comportamento e o compensarão com uma conduta concebida da maneira exatamente oposta. Por exemplo, se há excesso de médicos, os indivíduos sofisticados irão tornar-se engenheiros e advogados. Desse modo, o resultado social irá aproximar-se do equilíbrio que iria prevalecer se todos os atores fossem sofisticados.[2] Nesses termos, se um ou outro governante tiver decidido cumprir ou não uma solução da CIDH com base na sorte (cara ou coroa, por exemplo), não parece que essa é a regra de conduta usual.

Ademais, é preciso compreender que aqui não se está discutindo sobre os atributos comportamentais humanos (racionalidade intrínseca a todo e qualquer ser humano), mas sim sobre o **processo de decisão** dos governantes e as razões para o baixo índice de cumprimento de soluções propostas pela Comissão.

Outra crítica que poderia ser dirigida ao presente modelo diz respeito à impossibilidade de reduzir o interesse da participação humana nas deliberações internacionais sobre direitos humanos à maximização de apoio político ou busca de diminuição de custos.

De fato, podem existir outros motivos que movem os governantes a cumprir tais determinações, como o altruísmo, prestígio, respeito, amizade e outros objetivos de fundo social e psicológico. Todavia, o homem racional pode maximizar suas vantagens mesmo quando agir por uma finalidade ética. O agente que constrói um hospital pode atingir uma finalidade pública, mas, concomitantemente, lograr prestígio político e satisfação religiosa com tal ação. É nesse balanceamento, inclusive, que se respalda a sua esperada habilidade.

Um bom exemplo desses outros custos subjetivos pode ser a opinião do grupo familiar do governante sobre o acerto ou desacerto de uma determinada recomendação realizada pela CIDH. O presente modelo não traz como um dos custos do governante o risco de perda de prestígio familiar, por mais que isso não seja averso ao proposto por alguns sectários da teoria da ação coletiva. A busca pela mensuração de tal custo subjetivo (isoladamente)

2 TSEBELIS, George. Jogos ocultos: Escolha racional no campo da política comparada. São Paulo: Edusp, 1998. p. 46-47.

traria grande imprecisão ao modelo que aqui está a se construir e, portanto, fora alijado.

> A possibilidade de que, num caso em que não haja nenhum incentivo econômico para que um indivíduo contribua para realização de um interesse grupal, possa haver contudo um incentivo social para que ele dê sua contribuição deve ser considerada. E é obvio que é uma possibilidade real. Se os membros de um pequeno grupo de pessoas que tivesse um interesse em um benefício coletivo fossem também amigos pessoais, ou pertencessem ao mesmo clube social, e alguns membros do grupo pusessem o ônus de prover esse benefício coletivo nas costas dos outros, eles poderiam, mesmo que ganhassem algo economicamente com esse tipo de conduta, perder socialmente com ela, e a perda social poderia pesar mais na balança do que o ganho econômico. Seus amigos poderiam empregar a "pressão social" para levá-los a cumprir sua parte no processo de consecução da meta grupal, sob a ameaça de exclusão do clube social caso não a cumprissem. Esses recursos podem ser eficientes, já que a observação cotidiana mostra que a maioria das pessoas valoriza a companhia de seus amigos e colegas e zela pelo seu status social, prestígio social e auto-estima.[3]

Enfim, o presente modelo se abebera dos importantes vetores da racionalidade limitada para garantir que se atenha a uma **linha lógica**. E é fruto desse pressuposto que passa a ser presumido um **rol transitivo de preferências** para cada um dos envolvidos na contenda internacional. Fato é que esse rol de preferências não é inafastável, pois depende de fatores que influenciam a capacidade decisional do indivíduo. São tipos ideais, a exemplo do que Max Weber costumava sacar mão para promover uma aproximação entre conceitos mais genéricos e objetivos (científicos) e o agir real dos agentes sociais.

Ademais, existem situações em que as preferências sequer estão claras ao ponto de se permitir uma gradação entre elas. Pode ser que alguns atores enxerguem algumas das alternativas,

---

3 OLSON, Mancur. *A lógica da ação* coletiva. São Paulo, Edusp, 1999, p. 73.

outros não. Para estabelecer uma gradação é preciso antes perceber tais possibilidades. Esse, inclusive, é um dos princípios mais elementares da racionalidade limitada. O **princípio da capacidade limitada** indica que a capacidade da mente humana para formular e resolver problemas complexos é muito pequena comparada com o tamanho dos problemas.[4]

Para os sectários da teoria da **racionalidade limitada**, em um contexto de limitadas informações, problemas complexos, urgência na tomada da decisão, bem como escassez de recursos, o governante racional busca o **melhor resultado possível** (satisfatório), e não o resultado realmente maximizador (verdadeiramente ótimo).

> A maioria das decisões de tomada de decisão humana ou individual diz respeito à descoberta e seleção de alternativas satisfatórias; apenas em casos excepcionais é a descoberta e seleção de alternativas ideais. Para otimizar os processos necessários, várias ordens de magnitude são mais complexas do que aquelas necessárias para satisfazer. Um exemplo é a diferença entre procurar um palheiro para encontrar a agulha mais afiada e procurar o palheiro para encontrar uma agulha afiada o suficiente para costurar. Ao fazer escolhas que atendam a padrões satisfatórios, os próprios padrões fazem parte da definição da situação.[5]

Nesse sentido, parece oportuna uma aproximação com a **estratégia *minimax***, segundo a qual se há circunstâncias em que um ator já sabe estar predestinado a perder o jogo, contenta-se em absorver o menor impacto possível. Nesse caso, o outro envolvido (o qual irá vencer) também precisa se contentar em só ganhar o suficiente. As partes, então, forçam-se a atingir certo equilíbrio[6].

4 SIMON, Hebert A. 1990. *Invariants of human behavior*. Annu. Rev. Psychol. 41:1–19, p. 198.

5 MARCH, James G.; SIMON, Herbert A. *Organizations*. 2 ed. Cambridge: Blackwell, 1993, p. 162.

6 DAVIS, Morton D. *Teoria dos Jogos*: Uma Introdução não-Técnica. São Paulo: Cultrix, 1973, p. 54.

Trazendo-se esses ensinamentos para o modelo aqui discutido, é possível que se compreenda o porquê de haver a prevalência de soluções parcialmente cumpridas no contexto dos casos oriundos da CIDH. Afinal, seria **satisfatória** a estratégia na qual o governante elegesse para cumprir algumas medidas menos custosas (e em caráter emergencial), visando a fugir do maculador *status* de descumpridor total da solução.

Não tentaria o governante maximizar suas vantagens ao extremo, mas apenas miraria sair daquela situação de pressão emergencial com um rótulo diferente de descumpridor total da solução. De outro lado, a Comissão se contentaria com esse cumprimento parcial, porquanto exibe a sua vitória frente à tendência do Governante em não cumprir quaisquer das medidas.

Daí, a CIDH deixa de lado a intenção de impor ao Estado um rótulo mais desabonador ainda, mesmo sabendo que seria possível **impulsionar** o país a um maior patamar de cumprimento, caso evidenciasse publicamente a estratégia dele por meio da divulgação de uma escala de cumprimento proporcional das medidas.

2.2. Instituições e campo organizacional

O principal aspecto desse estudo é a **decisão dos governantes** no cumprimento ou não das soluções da CIDH, e não uma observação abstrata da estrutura da CIDH e das normas de direitos humanos. O **conjunto interno de estímulos e limitações**[7] acaba sendo mais decisivo do que a disciplina normativa internacional de direitos humanos para fins de avaliação

7 O contexto interno se assemelha ao que foi definido por Montesquieu por **espírito geral** de um país. A ideia defendida por ele de associar fatores geográficos, históricos, culturais e legais serve como inspiração para a formação do conjunto de variáveis da pesquisa. "As coisas que governam os homens são os fenômenos naturais - como o clima - e as instituições sociais - como a religião, as leis, as máximas de governo; são também, por outro lado, a tradição, a continuidade histórica, características de toda a sociedade e que Montesquieu chama de exemplos de coisas passadas. Todas essas coisas juntas formam o espírito geral. (...) Há um espírito geral

se a autoridade política obedecerá ou não às recomendações da Comissão. No entanto, o fato de as principais variáveis serem relacionadas às limitações intrínsecas aos próprios países violadores não afasta totalmente a importância do conjunto de regras do Sistema Interamericano.

Esse conjunto de regras formais e informais, princípios, costumes e crenças que limitam a atuação racional dos agentes, disciplinando como, quando e dentro de quais balizas poderão agir, são denominadas de **instituições**. O conceito de instituições para a Ciência Política se diferencia do Direito, em que têm o sentido de corporações (órgãos).

> As instituições, vistas como os princípios organizadores da interação, podem ser simplesmente definidas como regras do jogo (North, 1990, p. 3) em uma sociedade e podem ser formais ou informais. Essas regras servem como guias de tráfego no fluxo e nas transações de mercadorias (materiais e simbólicas) entre os atores, incluindo indivíduos e organizações. (...) As instituições são culturais e não científicas, porque não exigem provas lógicas ou empíricas ou apreciam falsificação. Essas regras criam valores favoráveis para ações e interações nas formas de moralidade, fé, ideologia, decência ou capacidade (de curar e executar).[8]

Perceba-se que os agentes e as regras do jogo não se encontram em um vácuo, mas sim em um **campo organizacional**, que traduz a esfera dimensional onde ocorrem as interações entre agências (indivíduos e organizações) e as instituições. Esse campo organizacional consiste em *contexto de atuação comum*, no qual as corporações e os indivíduos estão submetidos às mesmas regras.

---

da França, um espírito geral da Inglaterra (ARON, Raymond. *As Etapas do Pensamento Sociológico*. 4 ed. São Paulo: Martins Fontes, 1997, p. 43)".

8 LIN, Nan. *Social capital: a theory of social structure and action*. Cambridge: Cambridge University Press, 2001, p. 187.

Quando organizações e indivíduos se submetem a instituições semelhantes, diz-se que estão em um campo institucional (Lin, 1994b). Dentro de um campo institucional, os atores (incluindo indivíduos, redes e organizações) reconhecem, demonstram e compartilham rituais e comportamentos, e assinam restrições e incentivos, conforme determinado pelas instituições sociais.[9]

Instituições	Campo organizacional
Conjunto de regras formais e informais, princípios, costumes e crenças que limitam a atuação racional dos agentes, disciplinando como, quando e dentro de quais balizas poderão agir.	Esfera dimensional onde ocorrem as interações entre agências (indivíduos e organizações) e as instituições. Consiste em ***contexto de atuação comum,*** no qual as corporações e os indivíduos estão submetidos às mesmas regras.

As primeiras (e mais importantes) instituições são as que estão postas internamente nos próprios países, a exemplo da Constituição, leis ordinárias, leis complementares e regras de conduta política em geral. No que tange às normativas transnacionais, a principal é a Convenção Americana de Direitos Humanos (também nominada Pacto de San José da Costa Rica), sem se afastar de outros diplomas de interesse humanitário dela derivados ou que lhe tenham inspirado.

A própria interação entre CIDH e Estados partes, no contínuo jogo de aplicação da Convenção nos casos práticos, acaba criando regras informais entre eles. São as chamadas **estruturas-estruturantes**,[10] vez que tais relações jurídicas têm a capacidade não só de fortalecer a aplicação das regras já vigentes, mas também de construir outros padrões a serem seguidos por aquela comunidade.

9 LIN, Nan. *Social capital: a theory of social structure and action.* Cambridge: Cambridge University Press, 2001, p. 187.

10 BOURDIEU, Pierre. *O poder simbólico*. Tradução Fernando Tomaz. 13 ed. Rio de Janeiro: Bertrand Brasil, 2010.

Não se descarta que as **regras invisíveis** que norteiam a construção quase homogênea das soluções da CIDH sejam instituições construídas ao longo dos anos. Por isso, a forma de agir e de desenhar as políticas públicas – que parece estar sendo cristalizada no contexto interamericano de direitos humanos – indica a existência de **padrões informais** que foram se delineando ao longo das contínuas rodadas travadas entre a Comissão e os Estados violadores. Tais padrões se amparam em ideias sólidas de proteção humanitária, o que funciona como **cadeado cognitivo** que rechaça qualquer tentativa de mudança dessas fórmulas de construção de soluções.

A crença de necessidade de rigor formal das decisões pode estar ancorada em princípio de que *com direitos humanos não se transige nem se dialoga*, hipótese que pode explicar o parcial grau de inefetividade do sistema. Essa premissa é importante e se relaciona com o institucionalismo ideacional, que não se contrapõe totalmente aos preceitos racionalistas.

No **institucionalismo ideacional**, as ideias são tratadas como recursos que servem como bloqueios cognitivos, modelos ou armas nas lutas distributivas (por dinheiro ou poder, ilustrativamente) em um possível novo arranjo institucional. As ideias conferem coerência às instituições, blindando-as de tentativas de mutações, ou, ao contrário, são usadas como armas contra as regras que passem a ser indesejadas. Em outros termos, as ideias manietam a liberdade de agir dos agentes frente aos seus desejos de mudanças, bem como facilitam a destruição das estruturas postas.

> Ideias são o conteúdo substantivo do discurso. (...) O **discurso** é o processo interativo de transmitir **ideias**. (...) As instituições do institucionalismo discursivo, além disso, não são estruturas externas-de-seguimento-das-regras mas simultaneamente estruturas e constructos internos para agentes cujas "habilidades ideacionais de fundo" dentro de um dado "contexto de significado" explicam como instituições são criadas, existem e cujas "habilidades discursivas de primeiro plano", seguindo

> uma "lógica da comunicação", explicam como instituições mudam ou persistem.[11]

Indício claro acerca da relevância desse ajuste ideológico de atuação é que a Comissão Interamericana de Direitos Humanos foi criada em 1959 e, nas décadas imediatamente posteriores à sua gênese, foi obrigada a agir de forma mais ácida em face dos países violadores.

> A CIDH realiza estudos de país e examina questões temáticas de interesse regional. Durante as décadas de 1970 e 1980, a comissão foi particularmente agressiva ao usar sua autoridade independente para pressionar governos repressivos. Seus relatórios sobre o Chile sob o regime militar foram particularmente importantes para os defensores dos direitos humanos internos e internacionais. Como a situação geral dos direitos humanos na região melhorou no mundo pós-Guerra Fria, os relatórios da Comissão tornaram-se menos proeminentes, mas permanecem significativos. Por exemplo, a comissão emitiu dois relatórios sobre a Bolívia em 2005 e relatórios sobre Honduras em 2009 e 2010 que ajudaram a chamar a atenção para graves problemas nesses países e, no final de 2009, publicou um importante relatório sobre segurança cidadã e direitos humanos.[12]

2.3. Agências

É preciso desmistificar a ideia de que só pode ser agente uma pessoa natural. O presente modelo não se coaduna com tal limitação. A exemplo dos modelos racionalistas fulcrados na teoria dos jogos, as corporações não só têm a capacidade de influenciar a atuação das outras agências, mas também, no caso, podem ser consideradas partes envolvidas. Não é necessário que o jogador

11 SCHMIDT, Vivien A. *Discursive institutionalism: the explanatory power of ideas and discourse.* Annual Review of Political Science, v. 11, jun. 2008, p. 303.

12 DONNELLY, Jack. *Universal Human Rights in Theory and Practice.* 3 ed. Ithaca: Cornell University Press, 2013, p. 175-176.

seja uma **pessoa** física: poderá ser uma **equipe**, **empresa** ou **nação**. Encara-se como um só jogador qualquer grupo que tenha interesses comuns com respeito ao jogo.[13]

Adotar as **organizações** como agências desse sistema é extremamente útil, pois se permite clarificar as suas **finalidades intrínsecas**, demonstrando a capacidade própria de nortear ações e estratégias de forma **autônoma** em relação a seus membros ou integrantes. Não se nega que as corporações não podem realizar seus objetivos sem o auxílio material de seres humanos; contudo, isso não a impossibilita de ser considerada **ente singular** e com desideratos diferentes dos de seus membros integrantes.

Ao formar organizações, os indivíduos cedem parte de seus direitos de ação individual em favor da organização. Eles se tornam parte da ação da corporação, seguindo seus padrões e suas instruções, em vez de perseguir unicamente seus objetivos mais imediatos. A própria organização torna-se um agente que toma decisões racionais, perseguindo seus próprios interesses, tentando maximizar seus ganhos e minimizar seus custos. Não há nada de mistério nisso; o ator corporativo é guiado pelos altos executivos ou pelo conselho de diretores, mas estes não agem enquanto indivíduos que perseguem somente seus interesses privados; geralmente, os altos executivos ou os líderes desempenham o papel de incentivar os demais a fazer aquilo que consideram como sendo o interesse da organização. Essa identidade corporativa é incentivada pelo Direito Ocidental moderno, que reconhece a corporação como uma pessoal legal, como espécie de indivíduo fictício que tem o direito de propriedade e de realizar transações com os outros indivíduos na sociedade.[14]

Os **desígnios** e os **objetivos** são das organizações, e não do ser humano executor material de tais missões. Deve-se reconhecer que organizações têm **lógicas e interesses próprios** enquanto

13 DAVIS, Morton D. *Teoria dos Jogos*: Uma Introdução não-Técnica. São Paulo: Cultrix, 1973, p.16.

14 COLLINS, Randal. *Quatro tradições sociológicas*. Petrópolis. Editora Vozes, 2009, p. 147.

corpo unificado, o que não impede que seus membros tenham suas próprias ambições.

Há certa resistência na aceitação de uma organização como uma agência, porquanto se advoga que, como geralmente há múltiplos interesses individuais envolvidos no contexto do grupo, haveria dispersão finalística. Nesse caso, seriam tantas as finalidades que, pela sua grande vetorização, seria bem difícil caracterizar objetivos e interesses próprios.

Não obstante a coerência deste argumento, há que se sobrelevar que a literatura especializada defende que a **fragmentariedade** não é uma característica própria somente das **corporações**. O próprio **homem** racional é também fruto da sua própria divisão finalística, por exemplo entre a razão e a paixão; é essa dialética entre a razão e as emoções humanas que permite que uma parte prevaleça sobre a outra. Por isso, não importa se existem muitas **vontades diferentes** em uma organização, bastando, para superar tal suposta anarquia, que exista uma que **prepondere**. Tanto o indivíduo como a coletividade são divididos em vez de unitários. A parte que estiver no comando pode exercer um planejamento de longo alcance para restringir a ação míope ou impulsiva de outras partes.[15]

Nessa linha, é possível considerar a **Comissão** Interamericana de Direitos Humanos como um dos **principais atores** no âmbito internacional. Nota-se que existem finalidades principais da CIDH, dentre elas o desejo de que suas recomendações sejam cumpridas pelos Estados, bem como ver o Sistema Interamericano de Direitos Humanos funcionar adequadamente e se fortalecer no contexto regional de defesa dos direitos humanos.

Vide o que preconiza a Resolução 447 da OEA, a qual estabelece o Estatuto da Comissão Interamericana de Direitos Humanos:

15 ELSTER, Jon. *Ulisses liberto: estudos sobre racionalidade, pré-compromisso e restrições.* São Paulo: Unesp, 2010, p. 213.

> Artigo 18
>
> A Comissão tem as seguintes atribuições com relação aos Estados membros da Organização:
>
> a) estimular a consciência dos direitos humanos nos povos da América;
>
> b) formular recomendações aos Governos dos Estados no sentido de que adotem medidas progressivas em prol dos direitos humanos, no âmbito de sua legislação, de seus preceitos constitucionais e de seus compromissos internacionais, bem como disposições apropriadas para promover o respeito a esses direitos;

O aspecto central é que a CIDH é uma organização composta por um pequeno número de integrantes votantes.

> A Comissão é integrada por sete membros 'de alta autoridade moral e reconhecido saber em matéria de direitos humanos', que podem ser nacionais de qualquer Estado-membro da Organização dos Estados Americanos. Os membros da Comissão são eleitos, a título pessoal, pela Assembleia Geral por um período e quatro anos, podendo ser reeleitos apenas uma vez.[16]

Isso torna mais fácil se atingir e se evidenciar decisões e finalidades mais homogêneas (menos fragmentárias) de tal colegiado. Talvez se fosse um órgão composto por uma quantidade muito maior de pessoas, essa presunção poderia ser fragilizada.

Mencionada a CIDH como uma das agências, é preciso dar enfoque ao **governante** do Estado violador, mas com um olhar diferente. Isso porque, por mais que as demandas sejam propostas em desfavor do Estado (e não do governante), opta-se por não reconhecer ao Estado a posição de agência, já que a fragmentação de interesses dentro de um Estado é muito mais profunda do que o é em relação à CIDH. O Estado é desmembrado em vários poderes e milhares de órgãos; são tantos interesses idios-

16 PIOVESAN, Flávia. *Direitos Humanos e o Direito Constitucional Internacional*. 15ª ed. São Paulo: Editora Saraiva, 2015, p. 343.

sincráticos que se torna muito menos visível a prevalência de um sobre os outros.

Ademais, é o governante (Chefe de Governo ou Chefe de Estado) que costuma ser incumbido pelas Constituições locais de representar o Estado em tratativas internacionais, seja direta, seja por meio de interposta pessoa ou corporação. Cabe a ele, então, fazer prevalecer a sua vontade política (ou convencê-los da adequação do que propõe) frente a eventuais outras posições conflitantes no âmbito interno. Depreende-se isso, inclusive, da Convenção de Viena sobre Direito dos Tratados.[17]

Outro ponto importante é que o governante, como representante máximo do interesse do Estado na senda internacional, acaba também tutelando os seus próprios quando da opção por adotar as políticas públicas humanitárias. Afinal, um governante perde a possibilidade de se manter no poder caso não seja habilidoso o suficiente para manter a credibilidade com os eleitores e também seu prestígio no âmbito internacional. Portanto, faz muito mais sentido ter o governante como ator central já que ele é o maior interessado em harmonizar todos os diversos interesses nas entranhas do país que ele representa. Por isso é que se diz que a figura do **governante** é de **tripla face**, porquanto precisa compor interesses dos vários poderes do Estado (faceta **burocrática interna**), agradar os eleitores nacionais (faceta **eleitoral**) e, além disso, precisa manter relações diplomáticas adequadas com países e organismos internacionais que possam lhe favorecer de alguma forma (faceta **transnacional**).

Por fim, há ainda a **vítima** da violação (ou quem lhe faça as vezes). Tal agência pode ser representada por uma pessoa ou mesmo por uma organização. É perfeitamente possível, como dito, figurar como peticionária um ente jurídico (como uma associação ou fundação), mas sempre a depender da existência prévia de uma vítima humana de uma violação humanitária.

---

17 No caso do Brasil, a Convenção de Viena sobre o Direito dos Tratados foi internalizada por meio do Decreto 7.030/09.

Mesmo sendo o papel da vítima de menor relevo nesse enfoque analítico, o pressuposto de atuação racional indica que ela também deseja o fortalecimento dos organismos e das instituições que regem as relações humanas no contexto da CIDH. Afinal, um sistema regional humanitário hígido é hábil a evitar que outras violações semelhantes voltem a acontecer em face dela ou de outras pessoas em situação semelhante.

Principais agências do Sistema Interamericano de Direitos Humanos		
Comissão Interamericana de Direitos Humanos	governante do Estado violador	vítima da violação

2.4. Limitações às escolhas

Pressupõe-se que todos os envolvidos nesse contexto são racionais e, portanto, passíveis de fazerem escolhas ótimas. Há opções ótimas quando todos os envolvidos na contenda internacional escolhem as melhores estratégias com o fito de incrementar suas vantagens individuais. Entretanto, nem sempre isso é possível, pois as regras podem acarretar **limitação à escolha da melhor solução**, sobrando apenas algumas alternativas menos desejáveis.

Para compreender melhor tal limitação é preciso imaginar a **tesoura de duas lâminas**. Segundo tal analogia, só se pode compreender o verdadeiro conjunto decisório se a lâmina do **contexto** e a lâmina da **capacidade racional** forem levadas em consideração conjuntamente.[18]

Muitos dos problemas de perda de legitimidade do governante se centram na incapacidade de dar solução perfeita aos problemas que lhe são apresentados; conquanto isso não indique que sejam irracionais ou incautos ao ponto de não visualizarem todas as alternativas que lhes eram possíveis.

Nesse sentido, parece adequado pensar também em políticas públicas humanitárias levando em conta as **influências internas**

18 SIMON, Hebert A. 1990. *Invariants of human behavior.* Annu. Rev. Psychol. 41:1–19.

e internacionais que os agentes sofrem. Essa é uma tendência consolidada, não sendo adequado compreender os países como unidades políticas herméticas. O *policy making* é um assunto doméstico que envolve governos nacionais e seus cidadãos. No entanto, o sistema internacional é também cada vez mais vital na modelação das escolhas domésticas de política pública.[19]

Não obstante, isso não indica que aplicar, à força, um desenho de política pública humanitária bem-sucedido em outro país venha a atingir igual êxito em todos os outros países do bloco.

Outro ponto a ser destacado é que, quando todos os envolvidos jogam de forma individual e estratégica, isso pode acabar dificultando o atingimento de resultados globais realmente ótimos. "Os problemas da ação coletiva surgem porque é difícil conseguir que as pessoas cooperem para seu benefício mútuo".[20]

O governante (qualquer que seja a época ou a conjuntura vivenciada internamente) decide pela adoção de um acordo ou de uma recomendação internacional com base no sopesamento dos ônus e dos bônus, independentemente dos efeitos futuros que isso possa ocasionar no âmbito local e externo.

Por isso, uma das hipóteses é que os descumprimentos reiterados das políticas públicas, no âmbito da CIDH, sejam motivados pela recalcitrância racional dos governantes frente aos **altos custos** impostos em face dos **desenhos inadequados** de políticas públicas travados no âmbito da Comissão.

Isso afasta a tese de que os governantes estariam *permitindo* violações de direitos humanos em seus territórios (em virtude de não concretizarem medidas que impeçam a repetição de atos semelhantes) para reabrirem um diálogo internacional com os órgãos de proteção regional.

---

19 HOWLETT, Michael; RAMESH, M.; PERL, Anthony. *Política Pública*: seus ciclos e subsistemas, uma abordagem integral. Rio de Janeiro: Campus/Elsevier, 2013, p. 85.

20 ELSTER, Jon. *Peças e Engrenagens das Ciências Sociais*. Rio de Janeiro: Relume-Dumará, 1994, p. 156.

O motivo preponderante para que os governantes não estejam cumprindo totalmente as medidas pode estar se dando pela inadequação dos desenhos de políticas públicas propostos (ou mesmo acordados). Por isso, deve ser dado enfoque aos presumidos custos de sua implementação, representados por inúmeras variáveis, dentre elas a complexidade dos desenhos das soluções.

2.5. Teoria dos jogos e boa-fé iterativa

A maioria dos países que compõem a Organização dos Estados Americanos (OEA) possui mais de uma petição em seu desfavor tramitando na Comissão Interamericana de Direitos Humanos. É possível constatar isso ao se analisar o relatório de seguimento de casos da CIDH.

Mesmo aqueles países que atualmente possuem um só caso tramitando na Comissão, há que se sobrelevar que outras demandas existentes podem não estar ainda contempladas no relatório de seguimento. De mais a mais, é sempre possível que novas denúncias de violações sejam impetradas em seu desfavor na CIDH e, então, seja ele obrigado a participar de uma nova lide internacional.

Essa informação é de suma importância pois indica a propensão de que os envolvidos (principalmente a Comissão e os governantes) venham a se encontrar em outras celeumas internacionais semelhantes. No contexto da **teoria dos jogos**, essas ocorrências podem ser consideradas como jogos **iterativos** (aqueles que costumam se repetir), o que torna possível o aprendizado dos *players* com as rodadas anteriores.

No contexto desses litígios iterativos, os envolvidos nesses múltiplos casos podem **aprender com as estratégias pretéritas** adotadas pelos demais atores da demanda internacional e, por isso, passar a se adaptar ao futuro comportamento dos outros. A depender da forma de atuação dos atores, pode haver a criação de um ambiente de **maior ou menor confiança** entre eles, o qual estaria permeado pelo que se denomina de **boa-fé iterativa**.

Esse procedimento de aprendizado não é uma especificidade restrita aos sectários da teoria dos jogos, nem muito menos é uma peculiaridade restrita aos seres humanos; até os animais ditos irracionais decidem utilizando atalhos informacionais, a chamada heurística.[21] É fato que essa capacidade de aprendizado humana é ainda maior do que dos outros seres vivos, precipuamente quando agindo em um contexto de maior sofisticação. O estudo sobre esse processo de aprendizado é alocado pelos teóricos **behavioristas** no contexto da **teoria do aprendizado.**[22]

Pois bem, partindo do pressuposto de que rodadas contínuas podem ocorrer, se os atores envolvidos na contenda internacional atuarem de forma extremamente individualista, ou mesmo se agirem de forma errática, é possível que se instale um ambiente de desconfiança entre os envolvidos nos casos futuros a que eles se vincularem novamente. De outra banda, se as estratégias adotadas pelos jogadores forem colaborativas e previsíveis, estará sendo construído um ambiente de maior confiabilidade entre os atores, quando de contextos semelhantes e sucessivos.

Teoria dos jogos e boa-fé iterativa
eventos repetitivos (jogos iterativos)
criação de um ambiente de maior ou menor confiança e colaboração
aprendizado com as estratégias pretéritas (lei do efeito e teoria do aprendizado)

21 MAYNARD, S. *A evolução do sexo*. São Paulo: Unesp; 2012.

22 A primeira proposição da psicologia behaviorista é chamada de lei do efeito, segundo a qual, se o ato de um animal (ou homem) for seguido de uma *recompensa*, ele provavelmente repetirá esse ato ou outro parecido. Uma vez que a pessoa aprendeu o ato, a psicologia behaviorista costuma ser chamada de teoria do aprendizado. Alguns animais podem aprender também por *imitação*. Se um deles vê outro realizando um ato e em seguida obtendo algo considerado recompensador, provavelmente reproduzirá o ato. É claro, deixará de reproduzi-lo se, no seu caso, a recompensa não vier. Vemos em tudo isso um pressuposto fundamental da psicologia behaviorista: *as ações de hoje afetam as de amanhã*. (GIDDENS, Anthony; TURNER, Jonathan (Org.). *Teoria social hoje*. São Paulo: Unesp, 1999 p. 93).

Em geral os especialistas em teoria dos jogos concordam em que a **cooperação** se torna mais fácil quando os jogadores participam de **jogos que se repetem**, de modo que o desertor é punido nas sucessivas rodadas. Há outras condições inerentes ao próprio jogo que podem favorecer a cooperação como, por exemplo, número limitado de jogadores, informação abundante sobre o comportamento passado de cada jogador, e o fato de o futuro não ser excessivamente descontado pelos jogadores.[23]

É nesse sentido que parece ter lógica o argumento de que a racionalidade não deveria ser usada só para explicar a ação estratégica de um *player*, mas, também, para corrigi-la frente aos riscos de seu egoísmo decisional atual e futuro. É nesse processo de reconhecimento de padrões que a **boa-fé repetitiva** produz um ambiente de cooperação, mas também pune um comportamento negativo daquele que age em detrimento das premissas colaborativas.

Na verdade, o maior problema desses jogos iterativos interamericanos é que o **descumprimento** da solução anterior pelo Estado pode estar **impactando** no desenho de uma **solução posterior** da CIDH; a Comissão pode tentar *punir* o Estado violador com um desenho até mais complexo do que o anterior. Mesmo que ocorra tal *retaliação organizacional*, isso parece não estar sendo suficiente para estimular cumprimentos posteriores. Na verdade, estima-se que é bem mais provável que haja novo descumprimento. De fato, o *design* formalmente adequado da CIDH pode contribuir muito mais para que os Estados decidam pelo cumprimento total das soluções, mesmo que tenha havido descumprimentos anteriores.

Afinal, se os desenhos forem feitos ao arrepio das realidades contextuais dos Estados, mesmo que em resposta a descumprimentos anteriores, seria conferida aos governantes a justificativa perfeita para que descumpram os próximos desenhos que lhes

---

23 PUTNAM, Robert D. *Comunidade e democracia*: a experiência da Itália moderna. Com Robert Leonardi e Raffaella Y Nanetti. Rio de Janeiro: FGV, 2006, p. 147-176.

sejam apresentados. Se isso estiver mesmo acontecendo, quem pode estar contribuindo involuntariamente para a construção de um ambiente menos alcalino é a própria CIDH.

Outrossim, esse raciocínio de boa-fé iterativa se aplica tanto no contexto de soluções **meritórias** como na busca por meios **amistosos** de resolução da demanda. Se as partes o fizerem de boa-fé, garante-se que aqueles que assim o faça sejam mais bem vistos do que aqueles que não o fazem. Nesse caso, pouco importa se o jogo será travado em face da mesma vítima ou de outras; importa saber que o comportamento dos Estados será previsível e acessível para outros eventuais participantes do contexto.

Se os desenhos forem adequados e as condições de boa-fé forem instaladas, mas ainda assim um governante buscar a solução amistosa só como subterfúgio para a não submissão da demanda à decisão de mérito, pode até ser que obtenha uma vantagem momentânea, mas precisa sofrer as devidas consequências. Em longo prazo, surgirá um ambiente de descrédito frente às novas rodadas travadas (rodadas iterativas) envolvendo tal governante. No mesmo jaez encontra-se o governante que reluta em não cumprir soluções meritórias equilibradas.

Esses são efeitos negativos da pseudocooperação, o que torna ainda mais interessante a criação de um *ranking* de pontuação dos países conforme o grau de cumprimento das soluções de caso, já que os efeitos desse rótulo podem afetar eventuais relações entre os países, o que parece ser uma consequência que os países violadores costumam temer.

2.6. Preferências dos agentes

Podem existir múltiplos sentimentos ou finalidades que permeiam as estratégias adotadas pelos atores envolvidos na demanda internacional (Comissão, governante e vítima). Contudo, essas outras finalidades e desejos não compõem o quadro predominante das características típicas dos referidos agentes.

Nesse panorama, há finalidades específicas e ideais para cada um dos atores no contexto do Sistema Interamericano de Direitos

Humanos, bem como uma finalidade comum a esses mesmos envolvidos.

A **finalidade comum** diz respeito ao intento que todos têm de ver o Sistema Interamericano de Direitos Humanos funcionar adequadamente e se fortalecer no contexto regional de defesa dos direitos humanos (objetivo que inclusive consta expressamente em algumas soluções amistosas).

É claro que essa finalidade comum pode ser compatibilizada com os interesses particulares de cada uma das partes. Prova disso é que a maioria dos países que compõem a Organização dos Estados Americanos aderiu voluntariamente ao Pacto de San José da Costa Rita (Convenção Americana de Direitos Humanos).

Chama-se a atenção para a hipotética incongruência de países que violam reiteradamente Direitos Humanos se vincularem, voluntariamente, a órgãos de controle internacional, principalmente os países com PIBs menos robustos. Mas não é bem isso que se constata na prática. Poucos são os países que se afastam peremptoriamente desses heterocontroles internacionais. Isso mostra que o **rótulo da adesão** ao sistema é algo que importa verdadeiramente aos países membros, o que precisa ser melhor explorado pela CIDH.

A regra geral é de que os países com orçamentos mais limitados e, portanto, mais propensos a não poderem arcar com os custos do cumprimento das recomendações da Comissão, aderem (com ou sem ressalvas) da mesma forma que os demais; por incrível que pareça, os mais ricos parecem resistir até um pouco mais à adesão. Isso pode evidenciar que o rótulo da adesão é algo ainda mais importante para os países que buscam se consolidar de alguma forma no cenário internacional.

A seguir, a relação de países que possuem casos no relatório de seguimento da CIDH e seu grau de vinculação ao sistema interamericano:

TABELA 1 – Adesão aos mecanismos do sistema interamericano de direitos humanos[24]

País	Adesão ao Sistema Regional (Convenção Americana de Direitos Humanos)	Submissão voluntária à Corte Interamericana de Direitos Humanos (artigo 62)	Adesão ao viés contencioso da Comissão Interamericana de Direitos Humanos (artigo 45)
Antígua e Barbuda			
Argentina	X	X	X
Bahamas			
Barbados	X	X	
Belize			
Bolívia	X	X	
Brasil	X	X	
Canadá			
Chile	X	X	X
Colômbia	X	X	X
Cuba			
El Salvador	X	X	
Equador	X	X	X
Estados Unidos			
Granada	X		
Guatemala	X	X	
Guiana			
Haiti	X	X	
Honduras	X	X	
Jamaica	X		X
Mexico	X	X	

24 Dados disponíveis em: <http://www.cidh.org/basicos/portugues/d.Convencao_Americana_Ratif..htm> Acesso em: 30 ago. 2020.

País	Adesão ao Sistema Regional (Convenção Americana de Direitos Humanos)	Submissão voluntária à Corte Interamericana de Direitos Humanos (artigo 62)	Adesão ao viés contencioso da Comissão Interamericana de Direitos Humanos (artigo 45)
Nicaragua	X	X	X
Paraguai	X	X	
Peru	X	X	X
República Dominicana	X	X	
São Cristóvão e Neves			
Santa Lúcia			
São Vicente e Granadinas			
Suriname	X	X	
Trindade e Tobago	X	X	
Uruguai	X	X	X
Venezuela	X	X	X

Outra possível justificativa para tantas adesões formais ao sistema regional é a existência de **difusão positiva** entre as nações, criando-se uma onda de estímulo na qual países próximos e semelhantes sentem-se sensibilizados a aderirem aos mecanismos de proteção humanitária. O alijamento por completo de tal conglomerado poderia ser interpretado internamente como falta de habilidade do governante nacional.

De qualquer forma, ao se aglutinarem, os países passam a formar um ente supranacional, o qual, então, passa a gozar de autonomia perante os países membros e, melhor, de finalidades próprias.

A **finalidade comum** diz respeito ao intento que todos têm de verem o sistema interamericano de proteção de direitos humanos funcionar adequadamente e se fortalecer no contexto regional de defesa dos direitos humanos (objetivo que inclusive consta expressamente em algumas soluções amistosas).

Finalidade comum
Ver o Sistema Interamericano de Direitos Humanos funcionar adequadamente e se fortalecer no contexto regional de defesa dos direitos humanos

Pressupõe-se que a principal finalidade da CIDH é reafirmar a sua importância no Sistema Interamericano de Direitos Humanos, bem como garantir a efetividade do sistema (inclusive com o cumprimento de suas soluções). Para atingir tal finalidade, é presumido um rol transitivo de **preferências da Comissão Interamericana de Direitos Humanos**: 1) a violação ser solucionada, integralmente, nos átrios do próprio país violador; 2) se a contenda não for resolvida nacionalmente e a contenda internacional for apresentada, ser solvida integralmente pela via amistosa; 3) se a contenda internacional não for solucionada amistosamente, que seja solvida integralmente na via meritória; 4) se a contenda internacional não for solvida integralmente, ao menos que o seja parcialmente (pela via amistosa ou meritória); 5) se a contenda internacional não for solvida nem total, nem parcialmente, que o Estado violador seja repreendido pelos órgãos competentes.

Preferências da Comissão Interamericana de Direitos Humanos
1) a violação ser solucionada, integralmente, nos átrios do próprio país violador
2) se a contenda não for resolvida nacionalmente e a contenda internacional for apresentada, ser solvida integralmente pela via amistosa
3) se a contenda internacional não for solucionada amistosamente, que seja solvida integralmente na via meritória
4) se a contenda internacional não for solvida integralmente, ao menos que o seja parcialmente (pela via amistosa ou meritória)
5) se a contenda internacional não for solvida nem total, nem parcialmente, que o Estado violador seja repreendido pelos órgãos competentes

Já em relação aos governantes (representando o respectivo Estado violador), pode-se dizer que eles (de forma ideal) buscam não ser demandados internacionalmente; contudo, se o forem, almejam, ao menor custo possível, a solução de tais demandas internacionais sem que o seu apoio interno seja abalado e as boas relações internacionais sejam colocadas em xeque. Afinal, o risco de perder prestígio (interno e externo) compromete sua manutenção no poder. Presume-se que essa é a força-motriz elementar de tal agente.

O custo legal, econômico, institucional e o político importam bastante nessa decisão racional sobre a adoção de tais medidas. O governante joga em múltiplas arenas e tenta equalizar, com base nas regras e normas postas, os interesses pessoais, coletivos e corporativos. Afinal de contas, o governante não quer perder o apoio interno (ao empreender políticas públicas que não lhe garantam a manutenção ou obtenção de apoio político), nem deseja se ver em situação de risco internacional por não estar cumprindo o imperativo universal de preservação dos direitos humanos.

Em adição, o governante do Estado violador parece não estar disposto a arcar com os custos de uma política pública muito complexa, salvo se dela puder extrair benefícios suficientes. Para tanto, há que se pressupor um rol transitivo de **preferências dos governantes dos Estados violadores**, quando o enfoque se dê em uma violação aos direitos humanos que seja passível de apreciação no Sistema Interamericano de Direitos Humanos: 1) não verem eventuais denúncias de violações de Direitos Humanos serem encaminhadas para ao Sistema Interamericano de Direitos Humanos; 2) se a demanda for apresentada e aceita pela CIDH, solucionar total ou parcialmente, seja pela via consensuada, seja pela via meritória, desde que os seus custos nunca sejam maiores do que seus benefícios; 3) solucionar, total ou parcialmente, a contenda internacional apresentada junto à CIDH, seja pela via consensuada, seja pela via meritória, desde que perca menos do que poderia perder (cenário *minimax*).

Preferências dos governantes dos Estados violadores
1) não ver eventuais denúncias de violações de Direitos Humanos serem encaminhadas para ao Sistema Interamericano de Direitos Humanos
2) se a demanda for apresentada e aceita pela CIDH, solucionar total ou parcialmente, seja pela via consensuada, seja pela via meritória, desde que os seus custos nunca sejam maiores do que seus benefícios
3) solucionar, total ou parcialmente, a contenda internacional apresentada junto à CIDH, seja pela via consensuada, seja pela via meritória, desde que perca menos do que poderia perder (cenário *minimax*)

Por fim, as **vítimas das violações** (ou seus representantes) procuram ter os seus anseios de reparação atendidos, seja na órbita interna ou, no caso da propositura da petição junto a CIDH, por solução internacional satisfatória (amistosa ou meritória).

Com base na presunção de que a intenção precípua das vítimas é a de se verem atendidas em seus intentos reparatórios e, por ricochete, garantir que o Sistema Interamericano seja efetivo, há que se citar o rol de **preferências das vítimas** (e de seus representantes): 1) receber, integral e celeremente, a reparação moral e material no próprio âmbito nacional; 2) receber, integralmente, a reparação moral e a material em face de acordo amistoso ou solução de mérito; 3) receber, parcialmente, a reparação material e moral, em virtude da violação perpetrada, em face de acordo amistoso ou de solução meritória.

Preferências das vítimas das violações
1) receber, integral e celeremente, a reparação moral e material no próprio âmbito nacional
2) receber, integralmente, a reparação moral e a material em face de acordo amistoso ou solução de mérito
3) receber, parcialmente, a reparação material e moral, em virtude da violação perpetrada, em face de acordo amistoso ou de solução meritória

Note-se que, por mais que o presente modelo traga várias listas de preferências dos agentes e das organizações enfocadas no presente contexto (CIDH, governante e vítima), não se espera que eles sempre optem pelas alternativas mais maximizadoras. Não que inexista um rol transitivo de preferências, ou seja, uma ordem desses *desejos*. A ordenação existe, mas pode haver um erro de percepção do observador (que não consegue enxergar todas as arenas em que o decisor está envolto) ou o erro de percepção é do próprio decisor (que não enxerga com clareza a melhor solução possível no caso concreto).

Essa distorção às preferências ideais citadas não faz com que sua ação seja tida como irracional, mas sim que pode estar adstrita a contingências e a limitações típicas da teoria da racionalidade limitada. Ademais, as arenas ocultas podem passar a falsa percepção de que o governante não escolheu a melhor alternativa, sendo que, na verdade, ele escolheu o que lhe era possível.

O governante pode não ter condições de arcar com os custos de todas as medidas; pode, também, não ter condições jurídicas internas de implementar determinada medida; ademais, pode acreditar que perderia seu apoio político se deslocasse verbas de uma importante senda social para dar concretude a um programa em prol de presos do sistema prisional, por exemplo.

> O que não é explicitamente assumido aqui é que os homens têm informações completas, que não têm compromissos sociais que restrinjam suas alternativas, que suas preferências são inteiramente consistentes ou permanecem constantes, ou que buscam um objetivo final específico com exclusão de todos os outros. Essas suposições mais restritivas, que não são feitas na presente análise, caracterizam modelos racionalistas de conduta humana, como o da teoria dos jogos.[25]

Definir a racionalidade da decisão depende da **análise contextual** na qual o decisor racional está imiscuído. Por isso,

---

25 BLAU, Peter M. *Exchange and Power in Social Life*. New York: John Wiley & Sons, Inc, 1964, p. 18-19.

preconiza-se que o governante regularmente se vê impulsionado para situações que demandam uma decisão célere (inclusive com sérias restrições informacionais), o que tem aptidão de impedir que seus olhos se voltem para a alternativa mais otimizadora, obrigando-o a adotar a melhor solução possível para aquele contexto, a qual é chamada de **alternativa satisfatória**.

Capitulo 3

CUSTOS DE IMPLEMENTAÇÃO DAS SOLUÇÕES DA CIDH

3.1. Limitações internas às soluções externas

Os custos dizem respeito às **limitações** contingenciais ou históricas que influenciam a decisão do governante de implementar ou não uma determinada política pública acordada ou recomendada no âmbito da CIDH. Tais custos foram divididos em quatro categorias: econômicos, institucionais, legais e políticos.

Essa separação dos custos em várias categorias decorre de opção didática, frente à necessidade de se evidenciar a característica preponderante de cada um dos gêneros de intervenção político-social: **riquezas**, **organização estrutural, poder de mando** e **informação**.

Conquanto os custos orçamentários sejam relevantes, pois o mundo vive uma crise de austeridade, não são somente os com viés econômico que serão trabalhados; na verdade, o dinheiro em caixa importa, mas isso não é suficiente para explicar o fenômeno de descumprimento das medidas acordadas ou recomendadas.

Por exemplo, no que tange aos fatores políticos da tomada de decisão, caso o orçamento dos países seja direcionado para políticas públicas restritas à arena das violações de direitos humanos (determinadas no âmbito de organismos internacionais), é possível que os governos locais não consigam honrar outros compromissos eleitorais e, por isso, percam legitimidade interna. Isso mostra que o desprestigio político pode ter papel de relevo até maior do que o dinheiro.

Os eleitores, ao não verem os projetos elencados nos planos de governo sendo cumpridos, podem se voltar contra os seus governantes, ocasionando uma potencial crise de responsividade. O governante precisa balancear, então, seus esforços de forma a compatibilizar os interesses de seu povo, equalizando as pressões externas e as internas. No modelo de atuação racional, os governantes sabem desses riscos e trabalharão para evitar esses percalços.

> No nível transnacional, os desafios à democracia do lado dos insumos surgem da necessidade de adaptar as concepções e práticas desenvolvidas no nível nacional a uma realidade na qual os atores transnacionais e os eventos globais têm uma influência cada vez maior. As concepções normativas e implementações empíricas da democracia desenvolvidas no e sobre o estado-nação não são facilmente aplicadas no nível supranacional, no que diz respeito às instituições políticas e à sociedade civil. Na verdade, 'a democracia como a conhecemos dentro dos países não existe em um Espaço Globalizado. (...) Em suma, os movimentos nas pós-democracias neoliberais enfrentam uma crise de responsabilidade das instituições políticas.[1]

O governante, portanto, tem que ser habilidoso o suficiente para conseguir administrar o orçamento limitado de forma tal a prestigiar o interesse dos eleitores favoráveis à sua manutenção no poder e ganhar o maior número possível de votos daqueles que não lhe apoiavam anteriormente. Por isso, políticas públicas humanitárias - que nem sempre são aptas a gerar tal consenso político - podem sofrer resistência política do governante e do grupo de eleitores que lhe dá sustentação.

> De acordo com a teoria econômica da democracia, os governos nunca empreendem nenhuma política a menos que esperem ganhar votos (ou pelo menos não perder votos) ao fazê-lo.

1 DELLA PORTA, Donatella. *Social Movements in Times of Austerity*. Cambridge: Polity, 2015, p. 123.

> Portanto, para cada cidadão que se opõe a um determinado ato, existem outros cidadãos a favor dele. (...) Olhando para todo o complexo de seus atos entre as eleições, o partido no governo sente que incluir esse ato ganha mais votos do que excluí-lo. O partido pode se dar ao luxo de ofender alguns eleitores com este ato porque eles são minoria em relação a ele, seus sentimentos contra ele não são tão intensos quanto os sentimentos daqueles a favor dele.[2]

Toda política pública humanitária tem um preço a ser pago e, curiosamente, o valor nominal de eventual *indenização* nem sempre é a que mais pesa na tomada de decisão do governante. As barganhas que talvez precisem ser realizadas para aprovação de uma lei são até mais impeditivas quanto o seria o pagamento da reparação pecuniária direta. Daí, a percepção dos eleitores de que tempo e energia do governante estão sendo despendidos em pautas que não lhe são correlacionadas, pode conduzir a crises de legitimidade.

Nesse cenário de restrição e de custos divididos em várias arenas, resta ao governante saber quantas fichas apostar (e quanto do seu prestígio colocar à prova) para ver uma política pública oriunda da CIDH concretizada. Lembre-se de que, para o presente modelo, a análise governamental acerca dos ônus e dos bônus da implementação de uma política pública recomendada ou acordada no âmbito da Comissão é uma questão de sobrevivência e de manutenção de legitimidade.

Fato é que os governantes não aceitam que o seu projeto de governança e de poder seja malogrado em virtude de imposições excessivamente custosas de soluções advindas de um órgão internacional, precipuamente pelo fato de a CIDH sequer precisar prestar conta de suas ações no âmbito interno.

2 DOWNS, Anthony. *Why the Government budget is Too Small in a Democracy.* World Politics, v. 2, n. 14, p. 541-563, 1960, p. 550.

3.2. Custos econômicos

Dentre os vários custos que devem ser levados em consideração pelos governantes envolvidos nas presentes lides interamericanas estão os presumidos custos **econômicos**. Oportuno relembrar que todos os direitos têm custos e, por óbvio, assim como as medidas recomendadas ou acordadas no âmbito da CIDH.[3]

Existe uma clara vinculação entre a capacidade fiscal e a capacidade de implementar políticas públicas.

> Em qualquer caso, o estado tem (...) limites de seu potencial fiscal. Estes variam consideravelmente em cada caso específico de acordo com a riqueza ou pobreza do país, com os detalhes concretos de sua estrutura nacional e social, e com a natureza. de sua riqueza. (...) Também podem diferir de acordo com a extensão das despesas militares ou do serviço da dívida, com o poder e a moralidade de sua burocracia e com a intensidade da "consciência de estado" de seu povo.[4]

O Estado somente funciona em razão de recursos econômico-financeiros captados junto às pessoas que integram aquela nação, sendo possível dizer que os direitos só existem onde haja orçamentário que o permita. Vale registrar que muitos direitos possuem dimensão tanto positiva quanto negativa,[5] como o direito à saúde, considerando que o Estado não deve afetar a integridade

---

3 GALDINO, Flávio. *Introdução à teoria dos custos dos direitos* – direitos não nascem em árvores. Rio de Janeiro: Renovar, 2005, p. 204.

4 SCHUMPETER, Joseph A. *The crisis of the tax state.* In: SWEDBERG, Richard (Org.). Joseph A. Schumpeter: The economics and sociology of capitalism. Princeton: Princeton University Press, 1991, p. 111.

5 De maneira concisa, pode-se afirmar que os direitos se dividem em positivos e negativos. Os **direitos negativos** correspondem a abstenções do Estado, no sentido de tolerar condutas dos particulares (direitos civis e políticos que materializam o valor liberdade). Já os **direitos positivos** contemplam as prestações materiais à população (direitos sociais, econômicos e culturais que sedimentam o valor igualdade), que podem consistir na entrega de um bem, serviço ou direito pelo Poder Público. Esta implementação material de deveres prestacionais do Estado implica alocação de bens e pessoas, e por isso depende da efetiva **disponibilidade de recursos materiais e humanos** e se sujeita a uma reserva do possível.

das pessoas (abstendo-se de poluir) e ao mesmo tempo é obrigado a cuidar da higidez dos cidadãos (entregando serviços médicos para prevenir e curar doenças).

Não obstante o exposto, o custo econômico do pagamento de indenizações, diferentemente do que se poderia pensar, nem sempre é o mais impactante no contexto de tomada de decisão,[6] sendo este, provavelmente, o menor dos custos para os Estados. Tanto é que essa é uma das medidas com maior taxa de cumprimento, e pode estar sendo vista como um paliativo justo, pontual e de baixo custo acerca de um equívoco perpetrado pelo Estado. Por isso, é preciso dar atenção aos custos mais substantivos em face de políticas públicas humanitárias indicadas nas soluções de casos da CIDH, e não às indenizações pontuais.

Além disso, não se pode olvidar que os governantes priorizam gastos que sejam percebidos pelos eleitores e possam render dividendos políticos nas eleições, e não necessariamente investem nos maiores benefícios para as pessoas.

> O governo dá aos eleitores o que eles desejam, não necessariamente o que os beneficia. Desde que os cidadãos saibam o que os beneficia, não deve haver diferença entre o orçamento real e o orçamento "correto". Mas se houver benefícios que os gastos do governo produziriam que as pessoas não estão cientes, o governo não gastará dinheiro para produzi-los, a menos que acredite que pode torná-los conhecidos antes das próximas eleições. Pois o governo está principalmente interessado nos votos das pessoas, não em seu bem-estar, e não aumentará seu bem-estar se isso custar votos. E perderia votos se aumentasse os impostos ou a inflação - que as pessoas estão cientes - para produzir benefícios que as pessoas não estão cientes. Muitos cidadãos mudariam seus votos para algum outro partido que produzisse apenas benefícios mais tangíveis a um custo total menor - mesmo se eles estivessem de fato em situação pior sob este partido.[7]

---

6 Confira a tabela 8 no item 5.7.3.

7 DOWNS, Anthony. *Uma teoria econômica da democracia*. São Paulo: Edusp, 2013, p. 546.

Nessa esteira, ainda que não fossem escassos os recursos econômicos, pouco parece importar para o governante se o recomendável era garantir o cumprimento das recomendações internacionais humanitárias, mesmo que consideradas boas ações para a sociedade e aptas a trazerem bem-estar ao grupo. Na verdade, a relação que aqui se delineia é mais político-eleitoreira do que econômica: dê ao povo o que ele quer (na medida do que se pode dar), e não o que lhe será bom.

Esse panorama pode derivar da dificuldade de se convencer as populações de determinados países acerca da importância da internalização de determinadas políticas públicas, como por exemplo aquelas que garantam condições mais dignas no tratamento dos seus presos.

Pior ainda é a posição de alguns sectários do neoliberalismo mais tradicional; para eles os governos que se pautam na planificação de políticas públicas (keynesianismo) são vistos como invasores das liberdades individuais. Somente as pessoas saberiam definir o que realmente querem, sendo que o Estado, quando se arvora nesse sentido, fá-lo em detrimento da liberdade do povo (Hayek, 1976, p. 42).

Mesmo se presumindo que o governante buscará agradar o seu eleitorado (e não fazer necessariamente o que é bom), ainda assim haverá choques de interesses entre a população local. Isso porque, em um pano de fundo de escassez orçamentária, difícil é a tarefa de se determinar quais são as políticas públicas que devem ser implementadas, porquanto os eleitores costumam se interessar por objetos variados e nem sempre coincidentes.

> No mundo real, as classificações de preferência das pessoas não são idênticas (...). Embora quase todo homem concorde com a maioria de seus companheiros em relação a algumas políticas, ele também se encontra em minoria em relação a outras. É a presença dessas "maiorias rotativas" que impede os homens de atingir o equilíbrio com os governos. O governo deve executar uma combinação complexa de muitas políticas, algumas agradando a uma maioria, algumas agradando a outra maioria e algumas

> agradando apenas a uma minoria com sentimentos intensos em relação a elas. Ela pode se dar ao luxo de empreender políticas favorecidas apenas por uma minoria porque não se mantém ou cai em qualquer questão, mas na mistura como um todo[8]

É essencial compreender que todas essas políticas públicas recomendadas devem ser custeadas pela mesma fonte de recursos: o orçamento. Não só elas, mas, também, todo e qualquer gasto do Estado, como a construção de estrutura física, a remuneração dos funcionários públicos e o funcionamento dos serviços públicos básicos (saúde e segurança, por exemplo).

Essa percepção dos eleitores nacionais de que todos têm direito a tirar algum proveito particular do dinheiro que está na fonte comum (*common-pool resource*) acaba impulsionando o governante (que não consegue realizar esse malabarismo orçamentário) a mirar em políticas públicas mais gerais possíveis.

Pouco importa o quão egoístico isso possa parecer; cada grupo quer seu quinhão de interesses garantido por aquela fonte pública de recursos. O entendimento do entrelace entre os custos econômicos e os custos políticos se revela imprescindível para o entendimento desse dilema.

Isso tudo acaba acarretando a **tragédia dos comuns**, vale dizer, um quadro em que indivíduos, atuando de forma independente, egoísta e descoordenada, acabam produzindo efeitos contrários aos interesses de uma comunidade, esgotando algum tipo de recurso comum.

Trata-se de tipo específico de tragédia dos comuns: a **pseudo-democrática**. Explicamos. Sob o rótulo de necessidade de atendimento de pauta de interesses mais gerais e democráticos, grupos mais poderosos conseguem, politicamente, impedir a construção de políticas públicas que não lhes favoreçam tão diretamente, afastando-se do caráter cooperativo do sistema de proteção aos direitos humanos. Daí, políticas públicas mal de-

---

8 DOWNS, Anthony. *Uma teoria econômica da democracia*. São Paulo: Edusp, 2013, p. 549.

senhadas podem ser a barricada utilizada para barrar o gasto de recursos com soluções oriundas da CIDH.

E essas preferências mais abrangentes podem incentivar antipatias naturais à pauta gerada por algumas das políticas públicas de direitos humanos, as quais, em regra, são bem específicas e voltadas a um pequeno (minoritário) grupo de pessoas (presos políticos, encarcerados, vítimas de violência policial, índios, mulheres, pessoas com deficiência, etc.). Essa presunção de resistência dos eleitores parece ser muito mais típica em governo não tão livres.

Nesse jaez, o discurso reducionista de que o governo estaria defronte a uma *escolha de Sofia* parece útil para fortalecer a resistência interna ao cumprimento das soluções da CIDH: ou se gasta o dinheiro para atender aos anseios básicos da população nacional ou se dá concretude às soluções da Comissão, as quais só beneficiariam grupos marginalizados.

> O discurso contribui para o sucesso ou malogro das ideias primeiro por como ele articula seu conteúdo substantivo. O que torna um discurso bem-sucedido, na verdade, contempla várias das mesmas coisas que tornam as ideias bem-sucedidas: relevância para os temas em discussão, adequação, aplicabilidade, propriedade e ressonância. Mas além disso, a credibilidade de um discurso provavelmente se beneficia da consistência e coerência entre setores de políticas, ainda que se espere também um pouco de vagueza. (...) Ajuda no contexto da diplomacia internacional, quando o mesmo discurso pode ser lido de maneiras radicalmente distintas.[9]

Fato é que o argumento acerca da drenagem de dinheiro (que poderia ser utilizado na construção de um hospital, por exemplo) para implementar uma política pública (em face de violações abusivas de policiais em detrimento de presos, ilustrativamente) pode gerar perda de apoio político interno dos governantes.

9 SCHMIDT, Vivien A. *Discursive institutionalism: the explanatory power of ideas and discourse*. Annual Review of Political Science, v. 11, jun. 2008, p. 311-312.

O anseio pelo voto dos mais diversos grupos de eleitores (em face do incremento dos pilares democráticos na maioria dos países) cria um ambiente propício à pressão dos variados grupos de eleitores para barrarem a aceitação de políticas públicas humanitárias.

Toda essa discussão tem uma importância prática, principalmente em face da escolha da variável acerca do grau de liberdade do regime político. Quanto mais livre é um regime, presume-se que menor é a sua resistência e antagonismo à pauta humanitária, mesmo que oriunda de uma organização transnacional e ainda que o desenho não seja tão adequadamente formatado.

Não se pode olvidar, de igual maneira, que os órgãos internacionais não são dotados da mesma responsividade política dos governantes. Ao não se responsabilizarem pelos impactos econômicos e sociais de suas decisões no âmbito interno do país violador, acabam os órgãos supranacionais afetando os compromissos de governos frente aos anseios dos cidadãos (eleitores) em desenhos complexos de soluções, colidindo com as intenções dos governantes autointeressados.

Por isso, no complexo processo de formação de uma política pública, só se alcançará seu desiderato final caso a decisão esteja de acordo com uma síntese dos argumentos conflitantes entre as partes envolvidas (o que se aproxima do institucionalismo sincrético). Essa inclusive é a chave do viés pós-positivista, o qual vem para mitigar os rigores de uma análise meramente positivista.

O ponto mais importante das análises pós-positivistas é que elas são sensíveis às realidades confusas ou caóticas do processo da política pública, diferentemente de suas contrapartes positivistas, que tendem a ter uma concepção ordeira, até mesmo mecanicista, do reino da política. Para os positivistas, os problemas políticos são em grande parte questões técnicas que podem ser tratadas de maneira efetiva tão logo se encontre a solução certa mediante uma análise técnica rigorosa. De outra banda, os pospositivistas assinalam, corretamente, que a análise técnica precisa ser complementada pelo estudo de uma gama de outros fatores, incluindo os conflitos decorrentes dos diferentes valores e interesses.[10]

Em resumo, quando o órgão internacional limita-se a impor soluções complexas e compostas por medidas de difícil cumprimento, fomenta o discurso de tolhimento da autonomia dos governantes na condução desses já tão limitados recursos na *piscina comum* (*common pool*), incrementando as chances de que essas medidas sejam vistas internamente como violações orçamentárias exógenas. Governos mais livres tendem a superar essas dificuldades e conduzir melhor tais dilemas; os menos livres talvez reajam de forma não tão colaborativa e usem argumentos para legitimar a sua decisão interna pelo não cumprimento das medidas.

3.3. Custos institucionais

A dificuldade de se manejarem interesses em face do vetorizado **arranjo institucional nacional**, alcançando **consenso** interno, certamente é um dos grandes entraves encontrados pelo governante quando de sua decisão por adotar uma política pública humanitária. As regras (formais e informais) que disciplinam os procedimentos de **tramitação burocrática** nas entranhas do Estado, bem como os caminhos para se alcançar a concordância, constituem as denominadas instituições.[11] Ou o governante sabe como atingir esse consenso entre as agências usando as regras postas, ou, julgando tais custos muitos altos, foge de medidas que requeiram tais habilidades. É preciso habilidade para navegar nessa **organização estrutural**.

Por isso, há que se frisar que tais custos não se resumem às limitações de leis que já estão postas em determinado país, porquanto essas já são valoradas nos custos legais da decisão. Na verdade, os custos institucionais se ligam aos procedimentos

10 HOWLETT, Michael; RAMESH, M.; PERL, Anthony. *Política Pública*: seus ciclos e subsistemas, uma abordagem integral. Rio de Janeiro: Campus/Elsevier, 2013 p. 34-35.

11 Que possuem na Ciência Política conceito diferente da Ciência Jurídica, como visto no item 2.2.

relacionados à busca pelo consenso interno, o que demanda do governante uma grande articulação prévia ao processo de tomada de decisão e de execução de uma política desse jaez.

Dando por exemplo o Brasil, tramita na Câmara dos Deputados o Projeto de Lei 153/2020, que disciplina acerca dos efeitos jurídicos das decisões da Comissão e da Corte Interamericana de Direitos Humanos no Brasil. Esse projeto se restringe a garantir força executória imediata às indenizações fixadas pelos dois organismos internacionais[12], deixando de lado a implementação de medidas de outros gêneros. Independentemente dessa limitação, tal projeto legislativo é interessante pois tenta diminuir os custos intrínsecos (institucionais) para se executar internamente as decisões da Comissão.

O consenso custa caro.[13] Em algumas explicações fornecidas pelos próprios Estados à Comissão, para justificar o descumprimento de uma ou outra medida, sobressaltam-se essas dificuldades de tratativas entre os Poderes do Estado, principalmente pelas regras formais e informais postas (como a seperação dos Poderes).[14]

Conhecer as idiossincrasias burocráticas dos arranjos institucionais internos é tarefa do governante, que precisa deter conhecimento aprofundado sobre essas regras. Eventual desídia ou falta de conhecimento sobre os limites intrínsecos à administração pública pelo Poder Executivo pode levar o governante a firmar acordo em face de algo que sequer tem capacidade de implementar.

Essa hipótese pode ser corroborada pelo fato de, mesmo em soluções amistosas, haver um alto índice de descumprimento de medidas. Escolher mal as ferramentas não é algo que só a Comissão está sujeita a fazer. O governante precisa saber que a concretização das medidas, em virtude das regras postas, pode

---

12 PL 153/2020, disponível em: <https://www.camara.leg.br/proposicoesWeb/prop_mostrarintegra;jsessionid=32FD5A8292C4E565786D6314237439FF.proposicoesWebExterno2?codteor=1855142&filename=PL+153/2020>. Acesso em 28 jun. 2020.

13 BUCHANAN, James M.; TULLOCK, Gordon. *The Calculus of Consent*: Logical Foundations of Constitutional Democracy. 2 ed. Ann Arbor: University of Michigan Press 1962.

14 CIDH, Caso 12.447 da Jamaica.

ser inviabilizada pela resistência de outros órgãos e Poderes, os quais podem dificultar o processo de implementação.

É cediço que as regras internas do país podem dificultar sobremaneira a tramitação político-administrativa das soluções propostas pela Comissão. Demais disso, essas barreiras podem ser potencializadas pelo uso abusivo (por parte de alguns atores políticos e jurídicos oposicionistas) de manobras procedimentais (como petições e recursos administrativos e judiciais) visando a criar barreiras para o agente.

> Norma crucial para a sobrevivência da democracia é o que chamamos de **reserva institucional**. Reserva significa "autocontrole paciente, comedimento e tolerancia" ou "a ação de limitar o uso de um direito legal". (...) Pode ser compreendida como o ato de evitar ações que, embora respeitem a letra da lei, violam claramente o seu espírito.[15]

Preocupante é que esse sopesamento de custos institucionais pode estar sendo realizado só após o firmamento de acordos na CIDH, potencializando-se esse problema. Pode até haver a vontade do governante de cumprir, mas a execução não ocorre por falta de capacidade do político em funcionar como articulador da implementação, ou mesmo para promover mudanças dos arranjos corporativos que as impedem (atuando como verdadeiro *empreendedor institucional*).[16]

Outro fator relevante é a alternância contínua de Poder, sendo que legislaturas e agentes se sucedem ao longo do cumprimento diferido de algumas soluções da CIDH. Essa alternância faz com que acordos entre órgãos e poderes sofram alterações substantivas em face dos possíveis resultados de sucessivas eleições.

---

15 LEVITSKY, Steven; ZIBLATT, Daniel. *Como as democracias morrem*. Rio de Janeiro: Zahar, 2018, p. 107.

16 LAWRENCE, Thomas B.; SUDDABY, Roy; LECA, Bernard. *Introduction: theorizing and studying institutional work*. In: _____ (Org.). Institutional work: actors and agency in institutional studies of organizations. Cambridge: Cambridge University Press, 2009. p. 5.

A habilidade política em promover a continuidade do consenso alcançado pode ser um fator que evidencia a importância da figura do *empreendedor político* nesse contexto.

Enfim, a dificuldade de realização de arranjos políticos internos parece não ser mera retórica dos governantes. Tais custos institucionais podem pesar mais do que o pagamento de uma robusta indenização para uma vítima, conclusão corroborada pelos índices de cumprimento das medidas. Inegável que o Poder Legislativo e o Poder Judiciário podem criar obstáculos (legítimos ou não) ao Poder Executivo na concretização de determinadas políticas públicas. É o governante que precisará ser suficientemente habilidoso para conduzi-los ao consenso interno.

3.4. Custos legais

Há ferramentas de políticas públicas – previstas nas soluções de caso da CIDH – que esbarram em **disposições legais** do próprio sistema jurídico dos países. Tentar romper com tais paradigmas traz um alto desgaste para o governante.

Vale registrar que, por mais que regras jurídicas de um país também sejam instituições (e, portanto, possam ser qualificadas como cursos institucionais), por questões didáticas devem ser tratadas em categoria própria, como custos legais. De qualquer forma, todos esses custos estão entrelaçados, ainda que se faça uma segmentação analítica.

A falta de compatibilidade entre as soluções da Comissão com os paradigmas legais e com a tradição jurídica de um país pode encontrar óbice, inclusive, no **princípio da norma mais favorável.**

> Na hipótese de eventual conflito entre o Direito Internacional dos Direitos Humanos e o Direito interno, adota-se o critério da prevalência da norma mais favorável à vítima. Em outras palavras, a primazia é da norma que melhor lhe projeta, em cada casa, os direitos da pessoa humana. A respeito, elucidativo é o art. 29 da Convenção Americana de Direitos Humanos, que, ao estabelecer regras interpretativas, determina que "nenhuma disposição da Convenção pode ser interpretada no sentido de limitar o gozo e

exercício de qualquer direito ou liberdade que possam ser reconhecidos em virtude de leis de qualquer dos Estados-partes ou em virtude de Convenções em que seja parte um dos referidos Estados". Consagra-se, assim, o princípio da norma mais favorável, seja ela do Direito Internacional, seja do Direito Interno.[17]

Afinal de contas, o próprio país pode deliberar que determinada ferramenta, adequada à tutela individual do reclamante na CIDH, coloca em xeque garantias de outros cidadãos já protegidas pela legislação interna. Por exemplo, flexibilizar a prescrição penal pode ser adequada para reabrir a investigação em um caso específico, mas possibilitaria ao Estado postergar demasiadamente a persecução penal em face de um conjunto ainda maior de pessoas.

Outrossim, o custo legal não se confunde com os diálogos entre organizações e Poderes necessários para se criar uma lei nova, nem muito menos para alterá-la ou suprimi-la; esses custos são considerados como sendo institucionais. Um viés é o do consenso para se criar ou para se suprimir uma lei do ordenamento jurídico, seguindo o regramento próprio para tanto. Outro ponto é o do rompimento com as tradições jurídicas e os pilares de um sistema jurídico já organizado internamente por meio da inovação legislativa.

Quando se fala em custo legal, o enfoque deve ser nos custos de **fazer aplicar uma lei**, ou mesmo **romper com uma norma ou costume jurídico** já arraigado em determinado Estado, colocando na berlinda a congruência do sistema jurídico próprio daquele Estado.

Há determinadas ferramentas que trazem custos legais que, presumidamente, podem influenciar o **poder decisório** do governante. Por exemplo, uma política pública que traga a determinação para a modificação da competência da Justiça Militar de um país, encaminhando fatos praticados por militares

17 PIOVESAN, Flávia. *Direitos Humanos e o Direito Constitucional Internacional*. 15ª ed. São Paulo: Editora Saraiva, 2015, p 175-176.

para serem investigados e processados pela Justiça Comum.[18] Ou ainda o mandamento para abolir a pena de morte[19], comutando-a por outra sanção menos gravosa. Esses exemplos têm a potencialidade de causar uma ebulição no sistema jurídico interno de determinado país, por isso trazem consigo inegáveis custos legais para que o governante as implemente.

É preciso lembrar que, de forma subjacente, ideias fundamentais de uma sociedade sustentam as leis que regem as suas relações. Por isso, é importante perceber que a violação desses paradigmas legais encontra resistência nas próprias ideias subjacentes da nação. Essa abordagem é importante pois sobreleva o importante papel das ideias em eventuais mudanças ou na permanência histórica das instituições.

Claro que as ideias não são imutáveis, mas, certamente, mudá-las demanda um esforço grande por parte do conjunto social.

> A virada para as ideias tem sido um corretivo útil para os limites das abordagens do novo institucionalismo e um reconhecimento tácito das suas dificuldades em explicar a mudança. (...) A virada para as ideias solapa a premissa básica dos novos institucionalismos mais velhos, isto é, que instituições estão em equilíbrio estável, com preferências racionalistas fixadas (institucionalismo da escolha racional), trajetórias históricas auto-reforçadoras (institucionalismo histórico), ou normas culturais absolutas (institucionalismo sociológico).[20]

Por exemplo, a cultura jurídica latino-americana baliza-se, tradicionalmente, no destaque dado à Constituição e às interpretações do direito pautadas na dogmática jurídica prestigiando-se mais o ângulo interno do que o externo. Ainda assim, nossas

---

18 Essa é uma das recomendações da CIDH nos Casos 11.286, 11.406, 11.407, 11.412, 11.413, 11.415 e 11.416 do Brasil.

19 Recomendação da CIDH que consta no Caso 11.193 dos Estados Unidos.

20 SCHMIDT, Vivien A. *Discursive institutionalism: the explanatory power of ideas and discourse.* Annual Review of Political Science, v. 11, jun. 2008, p. 304.

tradições jurídicas são instituições difíceis de serem modificadas, por estarem enraizadas em um forte componente ideológico.

> A cultura jurídico latino-americana tem adotado um paradigma jurídico fundado em três características essenciais: a)- a pirâmide com a Constituição no ápice da ordem jurídica; (...) b)- o hermetismo de um direito purificado, com ênfase no ângulo interno da ordem jurídica e na dimensão estritamente normativa (mediante um dogmatismo jurídico a afastar elementos "impuros" do Direito); e c)- o *State approach* (*State centered perspective*), sob um prisma que abarca como conceitos estruturais e fundamentes a soberania do Estado no âmbito externo e a segurança nacional no âmbito interno.[21]

Por isso, não é tarefa fácil transformar a crença de determinada sociedade de que mandamentos internacionais possuem maior dignidade do que as normas internas.

Como já mencionado, há certas ferramentas de política pública que pugnam pelo afastamento de direitos fundamentais incrustados na ordem jurídica interna dos países sob o argumento de se estar protegendo direitos humanos. É o caso de medidas que ignoram institutos conferidos nas Constituições, a exemplo da prescrição, da anistia e da imutabilidade da coisa julgada.

Em apertada síntese, a prescrição é uma garantia constitucional do cidadão de que o Estado não tem o direito de processar e tentar lhe punir eternamente por uma infração penal. A anistia diz respeito a um ato de perdão estatal concedido a autores de crime, por ato discricionário, deixando de lhes aplicar os efeitos de uma condenação criminal. A coisa julgada, por fim, é a decisão final sobre um caso, não sendo possível, ordinariamente, reabri-lo. Romper com tais institutos é uma opção de altíssimo custo legal para o governante, pois coloca em risco a segurança do sistema jurídico de seu país, bem como viola regras assentadas no ordenamento jurídico interno.

21 PIOVESAN, Flávia. *Direitos Humanos e o Direito Constitucional Internacional*. 15ª ed. São Paulo: Editora Saraiva, 2015, p. 182.

A discussão sobre a possibilidade de Lei de Anistia conferida por um país ser afastada em face de seu confronto com o teor de decisão internacional pode ser evidenciada ADPF 153. No caso específico, o Supremo Tribunal Federal decidiu que a referida ação constitucional era improcedente, validando, então, a Lei de Anistia elaborada pelo Legislativo Brasileiro, a qual perdoava os autores de crimes praticados à época do regime militar brasileiro. Essa chancela do órgão máximo do Judiciário brasileiro confronta-se com os decisórios da Corte Interamericana de Direitos Humanos.

Em adição, os altos custos legais são presumidos quando a ferramenta de política pública for a de realização de atos de investigação, principalmente quando digam respeito a crimes ocorridos há bastante tempo. Quando a CIDH ou as próprias partes propõem (e aceitam) medidas de investigação (A.5) nos desenhos de soluções, mesmo sendo sabido que os fatos ocorreram há décadas, presume-se que já saibam das fortes chances de tais medidas não trazerem resultados realmente efetivos. Lembre-se de que condenar alguém com elementos frágeis sobre a sua culpa – em face do mandamento investigatório da Comissão – seria um erro tão grande quanto os cometidos na anterior violação humanitária (em face da qual surgiu o dever de investigar).

Na verdade, investigar não é uma tarefa qualquer e o decurso do tempo piora as chances de sucesso. Outrossim, há regras que limitam a investigação, a exemplo de medidas judiciais para trancamento de inquéritos); e nem sempre as ferramentas de investigação estão disponíveis e aptas a alcançarem fatos tão antigos, como o tempo de guarda de informações informáticas (prazo de 1 ano, conforme art. 13 do Marco Civil da Internet – Lei 12.965/14). Se existem outras ferramentas de reparação, talvez o instrumento de investigação devesse ser utilizado somente quando factível de apresentar resultados concretos sobre a culpa dos violadores.

Daí, quando a CIDH chancela a previsão de uma medida como essa no desenho de uma solução de caso, pode estar aumentando demasiadamente os custos de implementação da referida providência, porquanto o governante dificilmente conseguirá superar os óbices legais existentes sem que, para tanto, tenha que violar preceitos humanitários cristalizados na órbita jurídica do seu próprio país.

3.5. Custos políticos

Ao cálculo de utilidade esperada pelos governantes antes de implementar determinada política pública soma-se à sua previsão de **impacto no eleitorado**, com a dificuldade de se determinar quais são as providências que devem ser realmente executadas sob o ponto de vista de seus eleitores, pois as pessoas costumam se interessar por objetos variados e nem sempre coincidentes.

Isso obriga que o governante não busque atender aos anseios restritos de um limitado grupo social, já que é necessário, sabendo desses múltiplos interesses existentes, fazer com que muitos setores da sociedade se vejam contemplados com políticas públicas que lhes apeteçam.

> No mundo real, as classificações de preferência das pessoas não são idênticas (...). O governo deve executar uma combinação complexa de muitas políticas, algumas agradando a uma maioria, algumas agradando a outra maioria e algumas agradando apenas a uma minoria com sentimentos intensos em relação a elas.[22]

Como já mencionado, as políticas públicas de magnitude e de abrangência mais amplas são mais suscetíveis de não gerarem resistência e perda de capital eleitoral.

Há também a possibilidade de o governante levar em consideração os riscos de perda de apoio político em face de entraves que, por mais que não atinjam diretamente seus eleitores, tenham aptidão de se vincular à sua imagem ético-política. Conquanto esse custo político vá muito além do voto do indivíduo vítima da

22 DOWNS, Anthony. *Uma teoria econômica da democracia*. São Paulo: Edusp, 2013, p. 549.

violação, pode gerar a sensibilização daqueles que comungam da ideia de que a postura de não atuação do governante é inadequada.

Por exemplo, a análise do relatório de seguimento de casos da CIDH revela que algumas das violações apontadas sequer se referiam aos nacionais do país, mas o governante acabou implementando medidas em favor desses estrangeiros. Nesse caso, vincular a imagem política a boas ações envolvendo situações que geram empatia social pode ser fator que estimula o cumprimento das medidas.

Um bom exemplo disso pode ser o caso[23] que trata de risco de deportação de uma cidadã jamaicana para seu país de origem, que estava nos Estados Unidos para buscar um tratamento para uma grave doença infecto-contagiosa. A vítima não havia sido deportada até aquele momento. Esse fato precisa ser destacado, pois, sabido que os Estados Unidos não ostentam uma boa estatística de cumprimento de medidas recomendadas pela CIDH, ainda assim parecem ter analisado os riscos de desgaste político.

Ao dar cumprimento parcial a desenhos como esses, mesmo sendo sabido que não haveria uma perda de voto da vítima da violação (que é estrangeira), o governante demonstra que não necessariamente faz uma contagem de votos por cabeça, mas pode estar a realizar por grupos sociais, por ideologias ou partidarismo.

23 CIDH, Caso 12.534 dos Estados Unidos.

Capítulo 4

FATORES DE INFLUÊNCIA NA IMPLEMENTAÇÃO DAS SOLUÇÕES DA CIDH

4.1. Grau de liberdade dos regimes políticos

O senso comum já indica que países mais livres são mais propensos a buscar meios e mecanismos mais eficientes para tutelar os direitos e as garantias dos seus nacionais, mesmo que oriundos de intervenções exógenas. Lembre-se aqui do importante papel das ideias no processo de cristalização ou mudança de paradigmas internos (como preconizado pelo institucionalismo ideacional).

Investigar a questão do grau de liberdade dos regimes políticos qualifica-se como essencial, pois pode confirmar ou **desmistificar** a ideia de que países mais livres são bons cumpridores das soluções de casos oriundas da CIDH.

É importante frisar que os custos intrínsecos presumidos de tal variável são múltiplos, tangenciando desde o aspecto de escolha orçamentária até os custos institucionais, legais e políticos. Por isso, a temática merece tratamento distinto. O grau de liberdade do regime político foi eleito como **variável aproximada (*proxy*)** para tentar evidenciar os custos políticos, institucionais e legais postos em face do governante quando de sua decisão por cumprir ou não uma solução de caso oriundo da Comissão.

Em que pese alguns países livres não terem optado por aderir formalmente ao Sistema, o grau de liberdade do país pode facilitar a aceitação social de eventuais ingerências internacionais, desde que enxergadas como favoráveis ao fortalecimento dos pilares democráticos.

Não se nega que a tentativa de demonstrar as relações envolvendo o grau de liberdade do regime político com o cumprimento das soluções não é tão simples assim. O principal empecilho está na categorização de um regime como **livre**, **parcialmente livre** ou **não livre**. Tais terminologias são realmente abertas.

Por essa imprecisão conceitual, é melhor utilizar o relatório anual da *Freedom House*[1], o qual leva em conta o arcabouço protetivo de liberdades dos cidadãos (vetores acerca do respeito aos direitos políticos e às liberdades civis).

Foi levada em consideração, na dita classificação, a **capacidade concreta de implementação de direitos políticos e civis** pelos Estados, e não só as garantias previstas abstratamente na legislação interna. Por isso, o fato de um país livre não aderir ao sistema regional não tem tanta relevância aqui.

Essa variável *proxy* parece importante pois acaba resumindo as tradições e os costumes de determinada coletividade, evidenciando (por aproximação) os custos para rompê-las em face da necessidade de internalização das soluções da CIDH.

Países com maior grau de liberdade têm menor resistência para implementar políticas públicas humanitárias, sendo que, ao revés, a não realização de ações nessa senda humanitária pode ser determinante para a perda de sustentação política interna.

De qualquer sorte, é preciso dizer que existiam duas formas de se aferir o grau de liberdade de um regime. A primeira diz respeito à **classificação nominal** dada ao grau de liberdade (*livre*, *parcialmente livre* e *não livre*). A segunda diz respeito à pontuação das liberdades, consoante o que fora preconizado pela *Freedom House*. Opta-se aqui pela utilização da categoria nominal, pois garante certa homogeneidade.

---

1 Com base nos dados disponíveis em: <https://freedomhouse.org/report/freedom-world/freedom-world-2016> Acesso em: 20 mai. 2017.

TABELA 2 - Grau de liberdade do regime político[2]

País	Direitos políticos	Liberdades civis	Taxa de liberdade	Pontuação das liberdades	Classificação
Argentina	2	2	2	79	**Livre**
Bahamas	1	1	1	92	**Livre**
Belize	1	2	1.5	87	**Livre**
Bolívia	3	3	3	68	**Parcialmente**
Brasil	2	2	2	81	**Livre**
Canadá	1	1	1	99	**Livre**
Chile	1	1	1	95	**Livre**
Colômbia	3	4	3.5	63	**Parcialmente**
Cuba	7	6	6.5	15	**Não livre**
El salvador	2	3	2.5	69	**Livre**
Equador	3	3	3	59	**Parcialmente**
Estados Unidos	1	1	1	90	**Livre**
Granada	1	2	1.5	89	**Livre**
Guatemala	4	4	4	54	**Parcialmente**
Guiana	2	3	2.5	74	**Livre**
Haiti	5	5	5	41	**Parcialmente**
Honduras	4	4	4	45	**Parcialmente**
Jamaica	2	3	2.5	75	**Livre**
México	3	3	3	65	**Parcialmente**
Nicarágua	4	3	3.5	54	**Parcialmente**
Paraguai	3	3	3	64	**Parcialmente**
Peru	2	3	2.5	71	**Livre**
República Dominicana	3	3	3	70	**Parcialmente**
Trindade e Tobago	2	2	2	81	**Livre**
Uruguai	1	1	1	98	**Livre**
Venezuela	5	5	5	35	**Parcialmente**

2 Dados disponíveis em: <https://freedomhouse.org/report/freedom-world/freedom-world-2016>. Acesso em: 20 mai. 2017.

Essas informações são de suma importância pois, classificados os países como **livres** e **não tão livres** (estes englobando[3] os *parcialmente livres* e *não livres*), é possível testar a influência (positiva ou negativa) dessas variáveis nas taxas de cumprimento total das soluções.

Com o cruzamento das informações, constata-se que, à medida que os casos se vinculam a regimes **não tão livres**, aumentam as chances de que tais soluções ostentem o *status* de **parcialmente cumpridas** ou **descumpridas totalmente**. Já os casos vinculados a países com viés mais **livre** estariam mais propensos a uma posição mais ativa frente ao **cumprimento** das soluções, porquanto essa roupagem humanística se coaduna com os pilares institucionais e ideológicos dessas sociedades.[4]

4.2. Forma de Estado

Um dos pontos mais intrigantes acerca da implementação das políticas públicas oriundas da Comissão diz respeito à hipótese de haver relação entre a forma do Estado e a respectiva propensão à execução total dos *designs*.

A exemplo do que discorremos sobre o grau de liberdade do regime político, os custos intrínsecos a tal variável são múltiplos, tangenciando desde o aspecto de escolha orçamentária até os legais, institucionais e políticos. Novamente, utiliza-se de uma **variável *proxy*** para tentar desnudar os entraves políticos, legais, econômicos e institucionais para a execução de tais medidas:

> Um dos aspectos mais significativos do sistema político a afetar a política pública é ser ele federal ou unitário. Em sistemas unitários, a existência de uma clara cadeia de comando, ou hierarquia, ligando os diferentes níveis de governo entre si,

---

3 Técnica de agrupamento em categorias binárias nominais (chamada de variável *dummy*).

4 Confira o tratamento dos dados no capítulo 5.

> numa relação de superior/subordinado, reduz a complexidade da governança e policy-making multiníveis.[5]

A intenção é a de averiguar se os casos vinculados aos países unitários têm maior propensão ao cumprimento total dos desenhos das soluções, uma vez que são presumidos menores custos para a tramitação dos procedimentos de internalização.

É possível perceber que países unitários tendem a ser menores e, portanto, possuírem um Produto Interno Bruno (ou GDP, sigla em inglês) mais limitado[6]. Ainda assim, também se espera que possuam regras mais simples de tramitação de procedimentos, até porque não há distribuição acentuada de competências e atribuições entre inúmeras unidades internas autônomas. Trabalham sob a óptica de poucos órgãos legislativos e de executivos locais menos autônomos. Por isso, os custos institucionais de tais locais parecem ser menores do que o de países federados.

Na tabela a seguir é possível enxergar a clara relação entre o PIBs, tamanho da população e a forma que são configurados internamente (federal ou unitário). Percebe-se que, via de regra, países maiores têm maiores PIBs e se organizam por meio de Federação.

TABELA 3 – Forma de estado, PIB, tamanho do país e população[7]

País	Forma de Estado	Tamanho do País (km2)	PIB (dólares)	População
Estados Unidos	Federação	9.831.510	7.946.996.000.000	321.418.820
Brasil	Federação	8.515.770	1.774.724.818.900	207.847.000

5 HOWLETT, Michael; RAMESH, M.; PERL, Anthony. *Política Pública*: seus ciclos e subsistemas, uma abordagem integral. Rio de Janeiro: Campus/Elsevier, 2013, p. 67.

6 Optou-se pela comparação com o Produto Interno Bruno (PIB) ou GDP (*Gross Domestic Product*), em razão da abordagem sobre a piscina comum de recursos (*common-pool resource*), parecendo inadequada a escolha pela renda *per capita*.

7 CIDH, Relatório Anual. Mar. 2017 Disponível em: <http://www.oas.org/es/cidh/docs/anual/2016/docs/InformeAnual2016cap2Dseguimiento-es.pdf> Acesso em: 06 mai. 2017.

País	Forma de Estado	Tamanho do País (km2)	PIB (dólares)	População
Canadá	Federação	9.984.670	1.550.536.520.141	35.851.774
México	Federação	1.964.380	1.144.331.343.172	127.017.224
Argentina	Federação	2.780.400	583.168.571.071	43.416.000
Venezuela	Federação	912.050	371.336.634.589	31.108.000
Colômbia	Unitário	1.141.749	292.080.155.633	48.228.000
Chile	Unitário	756.096	240.215.707.927	17.948.000
Peru	Unitário	1.285.220	192.083.721.355	31.376.000
Equador	Unitário	256.370	100.871.770.000	16.144.000
Cuba	Unitário	109.880	77.149.700.000	11.389.562
Rep. Dominicana	Unitário	48.670	67.103.263.863	10.528.391
Guatemala	Unitário	108.890	63.794.348.774	16.342.897
Uruguai	Unitário	176.220	53.442.697.567	3.431.000
Bolívia	Unitário	1.098.580	33.196.819.571	10.724.000
Trindade e Tobago	Unitário	5.130	27.805.745.960	1.360.088
Paraguai	Unitário	406.752	27.090.000.000	6.854.536
El Salvador	Unitário	21.040	25.850.200.000	6.126.583
Honduras	Unitário	112.490	20.152.043.003	8.075.060
Jamaica	Unitário	10.990	14.005.654.599	2.725.941
Nicaragua	Unitário	130.370	12.692.562.187	6.082.032
Bahamas	Federação	13.880	8.884.441.432	388.019
Haiti	Unitário	27.750	8.877.465.911	10.711.067
Guiana	Unitário	214.970	3.166.029.055	767.085
Belize	Federação	22.970	1.763.000.000	359.287
Granada	Unitário	340	978.148.148	106.825

Não obstante as relações evidenciadas acima, **não se pode afirmar** que países maiores, federados e com maior PIB sejam mais propensos ao cumprimento total das soluções de casos. Até porque países maiores têm mais riqueza, mas também gastam mais para manterem as estruturas intrínsecas das federações.

Como dito, países que têm estrutura administrativa aquilatada (por serem territorialmente maiores (mormente os federados) e, portanto, corporações e Poderes agigantados) possuem até mais dificuldade para atingir o consenso necessário para dar concretude a políticas públicas muito complexas. Por mais que o orçamento seja, em regra, maior do que o de um país unitário, os custos institucionais, políticos e legais podem pesar mais para o atingimento da conjunção de esforços:

> Em países federais, os governos acham difícil desenvolver políticas consistentes e coerentes, porquanto as políticas nacionais, na maioria das áreas, exigem acordo intergovernamental, envolvendo negociações complexas, extensas e consumidoras de tempo que nem sempre são bem-sucedidas.[8]

Ademais, países unitários, por serem menos autossuficientes economicamente, podem se esforçar mais para manter um rótulo humanitário maior quando demandados na órbita externa.[9]

Os países federados possuem menor propensão ao cumprimento total das soluções de casos no âmbito da CIDH. Isso certamente reforça a influência dos custos institucionais na decisão dos governantes em não cumprir totalmente os desenhos. Ao revés, o dinheiro não se mostra como elemento central. De toda sorte, essa conclusão é relevante pois reforça a tese de que tentar **homogeneizar** os desenhos de **soluções** (aplicando a mesma fórmula para países unitários e federados) pode **fragilizar o cumprimento** dos *designs*.

---

8 HOWLETT, Michael; RAMESH, M.; PERL, Anthony. *Política Pública*: seus ciclos e subsistemas, uma abordagem integral. Rio de Janeiro: Campus/Elsevier, 2013, p. 68.

9 Confirmação que será possível com o cruzamento de dados estatísticos no capítulo 5.

Capítulo 5

EFETIVAÇÃO DE DIREITOS HUMANOS: CUMPRIMENTO DE CASOS DA CIDH

5.1. Documentação e informações

A Comissão Interamericana de Direitos Humanos reconhece a importância do acompanhamento das soluções como forma de efetivação dos direitos humanos:

> Ao longo de sua trajetória, a Comissão consolidou a prática de acompanhamento de seus relatórios mediante a elaboração de relatórios de acompanhamento específicos, que objetivam avaliar o cumprimento de recomendações emitidas anteriormente. A Comissão demonstrou que o levantamento da eficácia e eficácia tanto das recomendações formuladas pela CIDH aos Estados, por meio do sistema de petições e casos, quanto do acompanhamento, é um aspecto essencial ao qual cada organização deve redobrar seus esforços.[1]

Por isso, todos os anos, a Comissão publica seu relatório de seguimento de casos. O relatório do ano nada mais é, portanto, do que uma atualização (considerado o histórico dos anos anteriores) sobre o andamento dos casos e, principalmente, sobre a postura dos Estados frente às recomendações ou aos acordos travados na Comissão no curso de décadas. Isso indica que a análise de um só relatório é suficiente para o trabalho, não sendo necessário fazer uma digressão remissiva a todos os outros que lhe antecederam.

---

1 Orden Ejecutiva SG/OEA. 17/06, Anexo I, D, 7. Disponível em: <https://www.oas.org/es/cidh/actividades/seguimiento/default.asp>. Acesso em 30 ago. 2020.

O relatório de seguimento da CIDH publicado em 2017[2] relata os casos que tramitaram (de forma não sigilosa) nos 15 anos anteriores e acerca dos países vinculados à Organização dos Estados Americanos, sejam os que já foram resolvidos definitivamente, sejam os que ainda estão tramitando na Comissão.

Há de se sobrelevar que nem todos os casos que tramitaram na CIDH se encontravam mencionados no relatório de seguimento. Há outros casos que tramitaram em sigilo, por exemplo. As informações desses casos sigilosos só passam a ser acessíveis no relatório da CIDH após a recalcitrância do Estado em fornecer a solução indicada em um informe confidencial encaminhado ao país. Esse é o rito determinado nos artigos 50 e 51 da Convenção Americana de Direitos Humanos. Contudo, os 207 casos mencionados no relatório de seguimento da CIDH publicado em 2017 já são amostra suficiente.

O relatório de seguimento de casos nem sempre traz todas as informações necessárias, deixando **lacunas**. Foi visualizada **omissão parcial** no documento, quando mencionou caso, mas não forneceu todos os dados. Por exemplo, no que tange às soluções amistosas cumpridas totalmente, não há menção no relatório da CIDH sobre quais foram as medidas acordadas e, portanto, cumpridas. Daí, só com a análise da petição de submissão do acordo para a homologação da Comissão foi possível descobrir quais eram as medidas previstas no desenho.

Ainda no que concerne às lacunas informacionais do relatório, foi detectada **omissão total** de dados. Faltou zelo na confecção do relatório de seguimento, como foi o caso da Petição 279/2003, cujo *status* de cumprimento não constava na tabela.

Ademais, houve **imprecisão** na categorização de algumas soluções de casos como totalmente cumpridas, parcialmente

2 A análise do relatório demanda meses de intenso trabalho e pesquisa, razão pela qual, mesmo sabendo que já existem novos relatórios publicados, optou-se por manter o estudo deste relatório. Ademais, ainda que possam surgir alterações pontuais nos dados mais recentess, a tendência é que a ausência de mudanças radicais não impacte nas conclusões obtidas.

cumpridas ou mesmo descumpridas. Há caso, inclusive, no qual parecia adequado categorizar o status como parcialmente cumprido, mas foi tido pela CIDH como pendente de cumprimento. Exemplo disso é que em todos os casos da Jamaica há uma resposta e uma atuação semelhante por parte do referido Estado, tendo sido em sua maioria dos casos categorizados como parcialmente cumprido (Casos 12.069, 12.183, 11.826, 11.843, 11.846, 11.847, 12.275, 12.347, 12.418 e 12.447). Já no Caso 12.417, também da Jamaica, a Comissão optou por categorizá-lo como pendente de cumprimento, sem que houvesse suficientes razões para tanto, porquanto a situação fática é semelhante aos demais casos. Outro exemplo desse tipo de falha está no Caso 12.632 da Argentina, no qual há aparente cumprimento da medida de publicidade e, mesmo assim, o *status* do caso é dado como pendente de cumprimento.

Por fim, nem sempre as informações do relatório foram suficientes para determinar quais foram as ferramentas cumpridas ou descumpridas pelos Estados violadores.

A existência de falhas em nada afeta o reconhecimento dos **avanços**. Após o ano de 2017,[3] houve inegável evolução estrutural no relatório de seguimento de casos da Comissão, principalmente no que tange a maior clareza na menção das medidas concretamente previstas nos desenhos de solução, bem como quais destas já haviam sido efetivamente cumpridas. Igualmente, outros avanços puderam ser constatados.

Por exemplo, corrigiu-se uma questão essencial acerca da falta de ponderação frente ao estado avançado de cumprimento das ferramentas. Nesse caso, por não terem chegado ao seu fecho cabal, as ferramentas não recebiam uma categorização diferenciada em seu *status* de cumprimento, mesmo que fosse nítido o avanço em prol da sua completa implementação.

Por isso, conquanto tenha passado a existir uma gradação mais adequada em face do cumprimento parcial das ferramentas

3 Ou seja, após o fechamento da análise de dados deste livro.

(parcialmente cumpridas e as de cumprimento parcial substancial[4]), a CIDH manteve em seu relatório de 2019 os mesmos conceitos desproporcionais sobre o cumprimento parcial da solução (como um todo), igualando desenhos em que só uma medida tenha sido cumprida com outros desenhos em que só falte uma medida a ser implementada[5]; de uma ou outra sorte, todos ainda são considerados somente como parcialmente cumpridos.

Outra novidade foi que a Comissão passou a se preocupar com o tipo de impacto (estrutural ou individual) que cada uma das medidas pode apresentar no contexto humanitário do país violador. Ou seja, se a ferramenta age em prol de uma intervenção satisfativa individual ou se ela modifica estruturalmente a realidade posta naquele país violador. Esse é um avanço, mas poderia ter a CIDH evoluído no sentido de também ponderar o impacto das medidas (e os seus respectivos custos presumidos) no que tange ao governo que deverá cumpri-la, passando a justificar o porquê de sua necessidade casuística e, principalmente, sobre a sua adequação para aquela determinada realidade contextual.

Mesmo quando ainda estavam presentes tais lacunas, o relatório da CIDH (e as documentações correlatas), publicado no ano de 2017, já permitia a extração de informações de relevo. Os dados buscados foram: tipo de solução adotada para cada

---

4 "Decidiu-se elaborar fichas de informação para cada caso com maior detalhamento do que o realizado nos anos anteriores, as quais podem ser acessadas através dos links disponíveis nas duas tabelas de casos para recomendações de monitoramento. A Comissão considera que, com esta metodologia de acompanhamento de suas decisões, é possível tornar visíveis os principais resultados alcançados no cumprimento das recomendações com base na informação apresentada pelas partes sobre as reparações individuais e estruturais" CIDH, Relatório Anual. Mar. 2019. Disponível em: <https://www.oas.org/es/cidh/docs/anual/2019/docs/IA2019cap2-es.pdf>. Acesso em: 30 ago. 2019.

5 "Cumprimento parcial: os casos em que o Estado cumpre parcialmente as recomendações publicadas pela CIDH, seja porque só cumpriu algumas das recomendações, seja porque cumpriu incompletamente todas as recomendações; os casos em que o Estado tenha cumprido integralmente com todas as recomendações formuladas pela CIDH, exceto aquele cujo cumprimento tenha sido impossível". CIDH, Relatório Anual. Mar. 2019. Disponível em: <https://www.oas.org/es/cidh/docs/anual/2019/docs/IA-2019cap2-es.pdf>. Acesso em: 30 ago. 2019.

caso (amistosa ou meritória), *status* dos casos (cumprido totalmente, cumprido parcialmente ou descumprido), a complexidade numérica de medidas[6] contidas no desenho da solução, espécies de medidas utilizadas na construção de cada um dos desenhos das políticas públicas e, por fim, quais dessas medidas foram cumpridas ou descumpridas pelo Estado.

Categorização das informações extraídas do relatório de seguimento da CIDH
tipo de solução adotada (amistosa ou meritória)
status dos casos (cumprido totalmente, cumprido parcialmente ou descumprido)
complexidade numérica de medidas
gêneros e espécies de medidas utilizadas na construção de cada um dos desenhos das políticas públicas
medidas cumpridas ou descumpridas pelo Estado

Foi pela análise pormenorizada do relatório de seguimento de casos que se desnudou a existência de ferramentas padrão utilizadas na composição de cada um dos 207 desenhos de políticas públicas elencados no documento.

Essa classificação em ferramentas foi possível porque as soluções trazem costumeiramente as mesmas medidas, o que indica a existência de possíveis padrões históricos no desenho das soluções. Houve, portanto, a observação e a construção de tipos-ideais, viabilizando o encaixe desses vários conceitos genéricos de ferramentas com o que se encontra concretamente no relatório de seguimento.

Com base nesse trabalho de catalogação, foram detectadas 7 ferramentas de *nodalidade*, 9 ferramentas de *autoridade*, 9 categorias de ferramentas de *tesouro*, 3 categorias de ferramentas

6 Note que o relatório de seguimento da CIDH não fez a individualização das medidas, nem muito menos as nominou como ferramentas de política pública. Essa catalogação foi aqui realizada utilizando como paradigma o modelo NATO.

de *organização*, bem como 1 medida *genérica* de *não repetição de violações* semelhantes.[7]

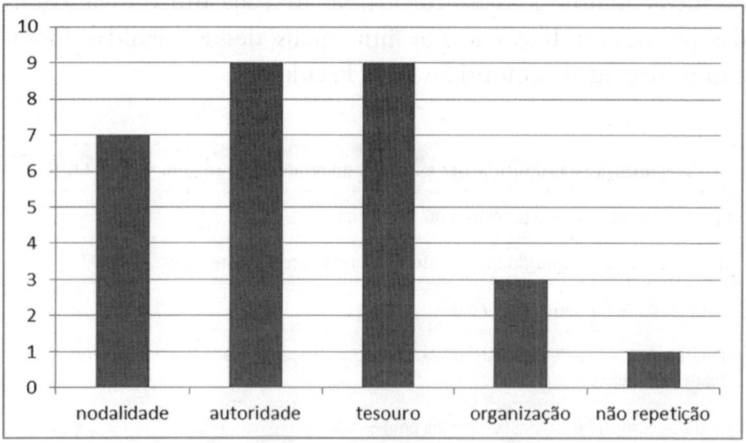

Essas categorias de ferramentas utilizadas se inspiram na classificação contida no **modelo NATO**.[8] Em apertada síntese, o referido modelo preconiza que há quatro grandes grupos de ferramentas que podem ser utilizadas no desenho de uma política pública: informação (ferramentas de *nodalidade*), poder de mando (ferramentas de *autoridade*), dinheiro (ferramentas de *tesouro*) e possibilidade de modificação estrutural de órgãos e de instituições (ferramentas de *organização*).

As ferramentas foram aqui readequadas e divididas em tipologias semelhantes, adicionando-se mais uma ferramenta, a saber, a medida genérica de não repetição de violações.

Assim sendo, passou a ser possível o esclarecimento de alguns pontos: se preponderam as soluções amistosas em face das meritórias, e quais dessas tem maior propensão ao cumprimento total; o padrão de complexidade numérica das soluções em cada

7 Explicação pormenorizada sobre a classificação das ferramentas consta no item 5.7.

8 HOOD, Christopher. *The tools of Government*. Chatham, NJ: Chatham House, 1986.

um dos casos e sua propensão ao cumprimento total do desenho; a taxa de cumprimento de cada uma dessas ferramentas isoladamente consideradas, analisadas com base na quantidade de vezes que aparecem no relatório de seguimento, o que proporcionaria a formulação de um índice de efetividade geral de cada ferramenta; e, por fim, cruzar informações como forma de Estado e grau de liberdade do regime político em face da complexidade dos desenhos de soluções e, principalmente, averiguar a maior ou menor propensão ao cumprimento total do desenho.

5.2. *Status* do cumprimento

Foi constatado que, dentre os 207 casos previstos no relatório de seguimento da CIDH, 48 ostentam o status de *cumpridos totalmente*, 126 o status de *parcialmente cumpridos* e 33 o status de *descumpridos totalmente* (pendentes de cumprimento).

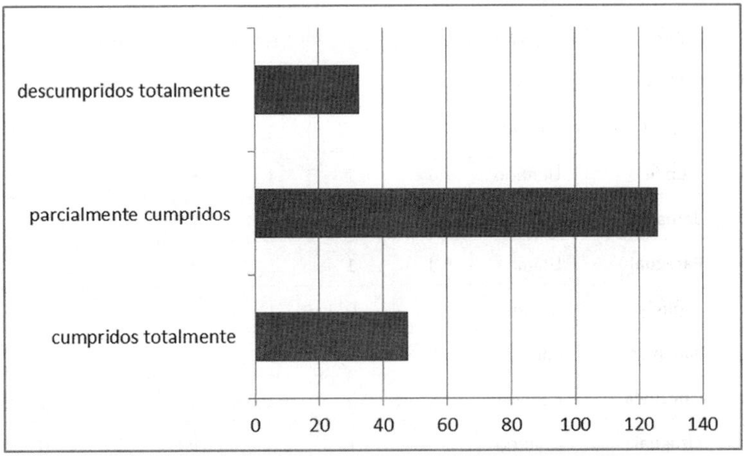

Foi realizada uma análise, país a país, de quais são os Estados com mais casos mencionados no relatório de seguimento da CIDH (em ordem decrescente), a respectiva forma de Estado, bem como quais são os *status* desses casos.

TABELA 4 - Forma de estado e status do cumprimento de casos na CIDH[9]

Legenda:

TCASA- totalmente cumpridos advindos por solução amistosa.

TCADM- totalmente cumpridos advindos por decisão de mérito.

PCSA- parcialmente cumpridos por solução amistosa.

PCDM- parcialmente cumpridos por decisão de mérito.

PASA- pendentes advindos por solução amistosa.

PASM- pendentes advindos por solução de mérito.

País	Forma de Estado	TCASA	TCADM	PCSA	PCDM	PASA	PASM
Equador	Unitário	1	0	27	3	0	0
Estados Unidos	Federação	0	1	0	10	0	14
Argentina	Federação	8	0	10	2	1	1
Guatemala	Unitário	1	0	9	7	0	0
México	Federação	6	1	4	2	0	2
Peru	Unitário	5	1	5	3	0	0
Colômbia	Unitário	2	2	6	4	0	0
Brasil	Federação	1	0	1	10	0	1
Chile	Unitário	7	1	1	3	0	0
Jamaica	Unitário	0	0	0	7	0	1
Paraguai	Unitário	1	1	1	2	0	0
Bolívia	Unitário	4	0	1	0	0	0
Bahamas	Federação	0	0	0	2	0	2
Venezuela	Federação	0	0	2	0	1	0
Uruguai	Unitário	1	1	0	1	0	0
Granada	Unitário	0	0	0	3	0	0
Cuba	Unitário	0	0	0	1	0	1

9 CIDH, Relatório Anual. Mar. 2017 Disponível em: <http://www.oas.org/es/cidh/docs/anual/2016/docs/InformeAnual2016cap2Dseguimiento-es.pdf> Acesso em: 06 mai. 2017.

País	Forma de Estado	TCASA	TCADM	PCSA	PCDM	PASA	PASM
Guiana	Unitário	0	0	0	1	0	1
Honduras	Unitário	2	0	0	0	0	0
Belize	Federação	0	0	0	0	0	1
Trindade e Tobago	Unitário	0	0	0	0	0	1
Haiti	Unitário	0	0	0	0	0	1
Canadá	Federação	0	0	0	1	0	0
Rep. Dominicana	Unitário	1	0	0	0	0	0
El salvador	Unitário	0	0	0	1	0	0
Nicarágua	Unitário	0	0	0	1	0	0

Para se compreender melhor os dados trazidos na tabela, é necessário ter conhecimento sobre alguns conceitos acerca do *status* de cumprimento dessas soluções de casos. A própria CIDH é quem aponta no relatório de seguimento de casos quais são os parâmetros para que a decisão seja classificada como cumprida totalmente, parcialmente cumprida ou pendente de cumprimento (descumprida até então).

> **Cumprimento total**: são os casos em que o Estado cumpriu integralmente com todas as recomendações publicadas pela CIDH. A Comissão considera cumpridas integralmente as recomendações nas quais o Estado iniciou e concluiu satisfatoriamente as medidas para seu cumprimento. **Cumprimento parcial**: os casos em que o Estado cumpre parcialmente as recomendações publicadas pela CIDH, seja porque só cumpriu algumas das recomendações, seja porque cumpriu incompletamente todas as recomendações; os casos em que o Estado tenha cumprido integralmente com todas as recomendações formuladas pela CIDH, exceto aquele cujo cumprimento tenha sido impossível. **Pendente de cumprimento**: os casos em que a CIDH considera que não houve cumprimento das recomendações publicadas pela CIDH, porque não houve nenhuma providência nesse sentido; ou que os esforços iniciados ainda não produziram

> resultados concretos; que o Estado indicou explicitamente que não cumprirá as recomendações; o Estado não informou a CIDH e não possui informação de outras fontes que indique uma conclusão contrária.[10]

Não obstante a existência desses conceitos objetivos, há problemas causados pela grande abrangência conceitual dos *status*, principalmente frente às soluções parcialmente cumpridas. Isso pois as soluções podem ser categorizadas como parcialmente cumpridas pelo fato de ter havido o inadimplemento de apenas uma das ferramentas (mesmo tendo havido o cumprimento de todas as outras previstas no desenho) ou mesmo quando o país tenha cumprido parcialmente somente uma delas e descumprido totalmente as demais.

É possível que essa equiparação conceitual tenha o condão de impulsionar os governantes para a opção de cumprir apenas uma das medidas, pois ainda assim é atingido o *status* de cumpridores parciais. Afinal, o governante age sempre o mais estrategicamente possível, e mirando a melhor alternativa disponível concretamente na condição em que se encontra.

Na medida em que os custos de cumprimento total da solução podem ser altos, teria o tomador de decisão satisfeito parte do anseio coletivo em ver as determinações humanistas da CIDH atendidas. Não se nega que essa é uma das potenciais explicações para a prevalência de decisões parcialmente cumpridas em face de decisões cumpridas totalmente ou descumpridas totalmente (pendentes de cumprimento).

Para corrigir tal distorção terminológica, é adequado que a Comissão crie uma escala gradual de cumprimento (de acordo com o número de ferramentas previstas no desenho e do total de medidas cumpridas) para que assim se estimule o cumprimento cada vez maior da recomendação ou do acordo.

---

10 CIDH, Relatório Anual. Mar. 2019. Disponível em: <https://www.oas.org/es/cidh/docs/anual/2019/docs/IA2019cap2-es.pdf> Acesso em: 01 set. 2020.

Nesse jaez, imagine-se uma recomendação da CIDH que traga em seu desenho cinco ferramentas, sendo que somente uma delas foi totalmente cumprida, e as outras quatro estão pendentes de cumprimento (descumpridas). A relação que deveria constar, acerca do status de cumprimento da medida, é a expressada na fração 1/5 ou 20%. De outra sorte, utilizando das mesmas balizas, em tendo havido o cumprimento de quatro ferramentas, e uma só delas estar pendente de cumprimento, a relação existente seria a expressada na fração 4/5 ou 80%. Certamente, esse critério poderia ajudar a estimular o esforço dos governantes em prol do cumprimento das soluções oriundas da CIDH.

5.3. Formas de soluções (meritórias e amistosas)

Há duas formas ordinárias de se solver um caso apresentado à Comissão: a forma **amistosa** e a **meritória** (recomendação imposta unilateralmente pela CIDH ao Estado). A primeira forma está encetada no procedimento previsto no artigo 49 da Convenção Americana de Direitos Humanos, enquanto a segunda se funda no disposto no artigo 51 do mesmo diploma normativo.

Compulsando o relatório de seguimento publicado em 2017, é possível perceber que dos 207 casos listados, 109 estão vinculados à solução amistosa, sendo que 98 o estão em relação à forma meritória.

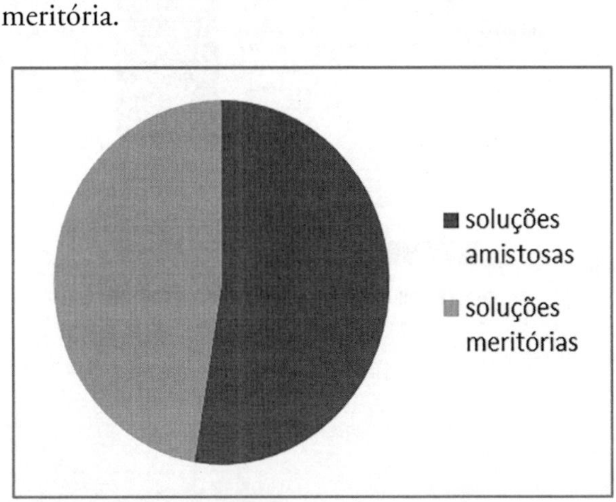

Dos casos que ostentam o status de cumpridos totalmente, 40 são amistosos e 8 são meritórios. Dentre os parcialmente cumpridos, 67 são amistosos e 59 são meritórios. Por fim, nos casos descumpridos (pendentes de cumprimento), apenas 2 são amistosos, sendo que 31 são meritórios.

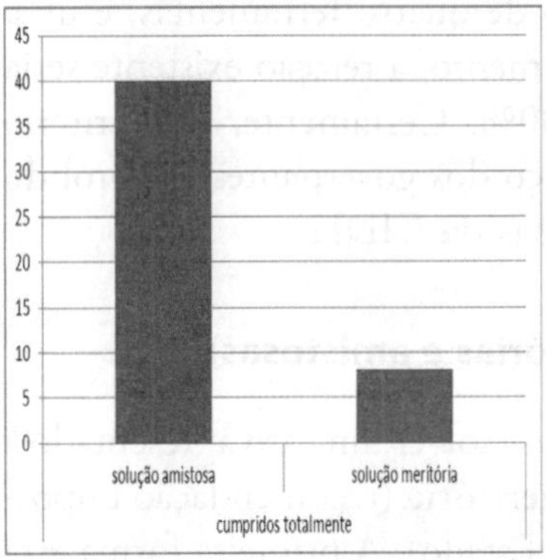

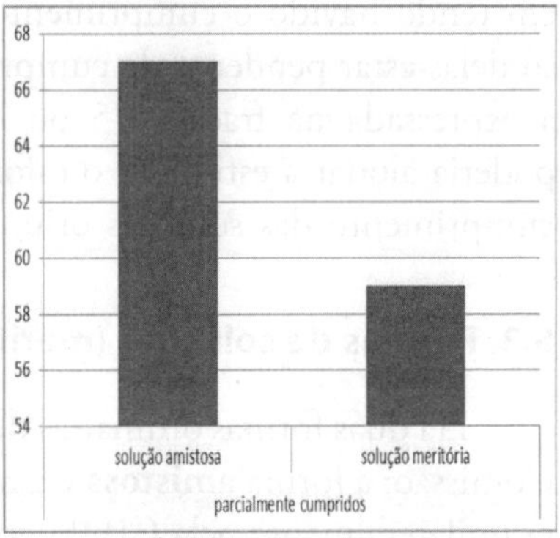

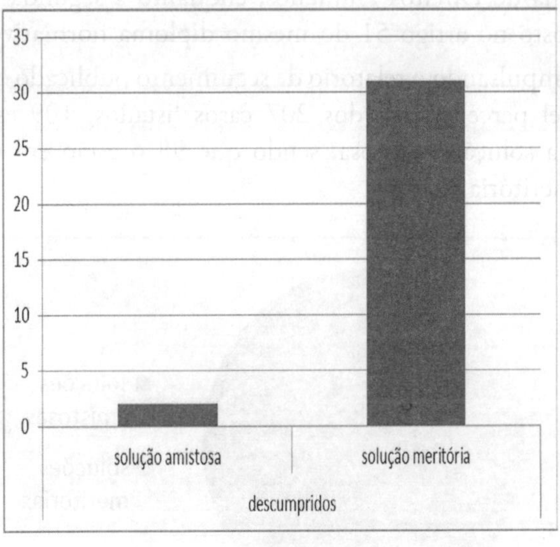

Tanto as soluções amistosas quanto as meritórias tendem ao cumprimento parcial. Em relação aos demais casos, contudo, as soluções amistosas geram mais cumprimento total do que descumprimento, enquanto as soluções meritórias geram mais descumprimento do que cumprimento total.

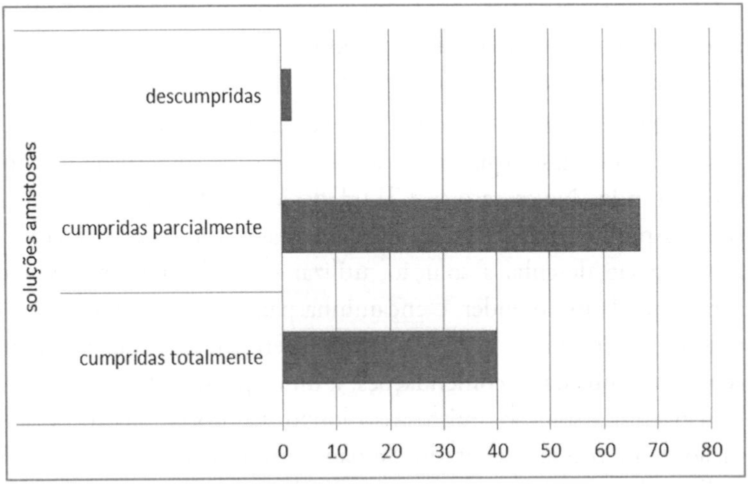

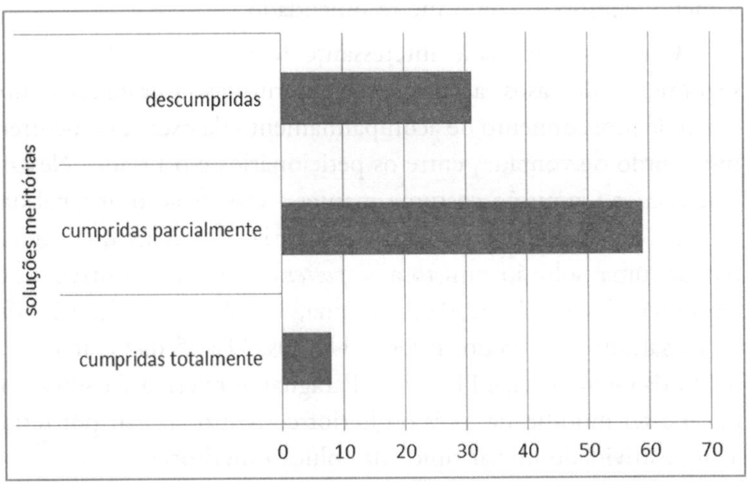

Nota-se, por essas informações, que a maior propensão para o **cumprimento** dos casos é de forma **amistosa**. Nesse cenário, as soluções são pactuadas entre as partes envolvidas (governante e vítima) já no início do procedimento legal e, após, submetidos à homologação. Essa formatação garante maior adequação às realidades dos governantes (ao menos hipoteticamente), bem como o atendimento aos anseios reparatórios dos peticionários. Com a ressalva de que governantes mal informados (e que não conseguem perceber os custos reais de implementação) podem firmar acordos inexequíveis.

Ao revés, não tendo sido possível uma solução amistosa inicial, passa-se para a fase seguinte: a de confecção de solução de mérito ou de fundo. Nesse caso, a CIDH decide de forma unilateral a política pública que deverá ser implementada pelo Estado violador. A Comissão desenha a solução, utilizando-se das ferramentas da forma que bem entender, e encaminha para cumprimento. O peticionário não tem abertura para fazer inserir medidas que reparem seu sofrimento nas recomendações; a única possibilidade que resta é firmar uma solução amistosa ao longo do procedimento de solução de mérito já deflagrado. Se não houver acordo, o *design* será unilateralmente determinado pela CIDH, cabendo ao governante somente cumpri-lo conforme recomendado.

Outra possibilidade interessante foi vista no relatório de seguimento de casos: a de soluções meritórias já exaradas e, no curso de procedimento de acompanhamento da execução, ocorrer um acordo de vontades entre os peticionários e o Estado. Nessas situações, a Comissão costuma manter a classificação original da solução do caso, ou seja, como meritória, por mais que tenha havido uma solução amistosa *a posteriori*. Como ocorreu nos seguintes Casos: 12.632 da Argentina, 11.725 do Chile, 12.249 de El Salvador, 9.903 dos Estados Unidos, 11.625 da Guatemala, 9.111 da Guatemala, e 11.607 do Paraguai. A referida classificação deveria ser modificada, pois o ulterior consenso faz cair por terra a impositividade inicial típica da solução meritória.

Em outras situações, ocorreu o contrário. E nesses casos, por mais que tenha se iniciado o cumprimento da demanda por meio de uma recomendação da CIDH, em tendo havido um acordo posterior, a Comissão conferiu a categoria de resolução do caso como de solução amistosa, o que parece ser até o mais acertado do que manter a classificação de meritória. Nesse sentido, vide o Caso 10.855 da Guatemala.

De uma forma ou outra, é importante sobrelevar que os casos que sofreram tal transmudação *kafkaniana* não ostentaram incremento considerável na taxa de cumprimento total dos casos. Diz-se isso pois nenhum dos casos mencionados ostentou o *status* de cumprido totalmente no relatório de seguimento, o que indica que a complexidade desses desenhos pode ter sido mais determinante para o seu não cumprimento total do que a mudança da forma de solução. Até porque é possível que a amplitude negocial fique seriamente vinculada aos preceitos já desenhados na solução de mérito anterior, o que não permite tamanha discricionariedade.

5.4. *Designs* e ferramentas de políticas públicas

5.4.1. Desenho de políticas públicas

A **política pública humanitária**, no âmbito do Sistema Interamericano de Direitos Humanos, é conceituada como sendo a soma de esforços do governante, de pessoas naturais e de organizações (inclusive supranacionais), em determinado local e tempo, através do uso racional de ferramentas específicas e adequadas, para a resolução de questão envolvendo aplicação de direitos humanos, tendo em mira a reparação das vítimas e a não repetição de fatos semelhantes.

Depreende-se de tal conceito que não é possível falar em solução de casos da CIDH sem que, implicitamente, exista determinada política pública. Em adição, não há política pública humanitária sem o compromisso de que haverá a soma de esforços de agentes e de corporações internas (relacionadas à própria estrutura do Estado) voltadas ao atingimento desse relevante objetivo humanitário. Por isso, é essencial compreender que a mera solução do caso, no âmbito da Comissão, não induz à real concretização da política pública; ela depende do trabalho que o governante vai realizar internamente como empreendedor político.

De qualquer sorte, a primeira fase para o atingimento dessa meta é que haja um projeto equilibrado e desenhado previamente pela CIDH, ou mesmo pelo consenso entre o representante do país violador e a vítima da violação (ou por quem faça suas vezes), contendo ferramentas adequadas e pertencentes a uma ou mais categorias.

Por isso, não só no caso de soluções amistosas, mas também no caso das decisões de mérito, todos os esforços devem ser orientados para que o desenho seja adequado e, portanto, não se torne impeditivo para a concretização da política pública humanitária pelo Chefe de Estado ou Chefe de Governo.

A literatura especializada até traz um desenho ideal do **ciclo de política pública**, formado por cinco estágios[11]: montagem da agenda, formulação de políticas (instrumento e desenho), tomada de decisão política, implementação de políticas e avaliação. É claro que não há um rito imutável, porquanto as fases desse ciclo costumeiramente se entrelaçam e podem, inclusive, acabar se sobrepondo.

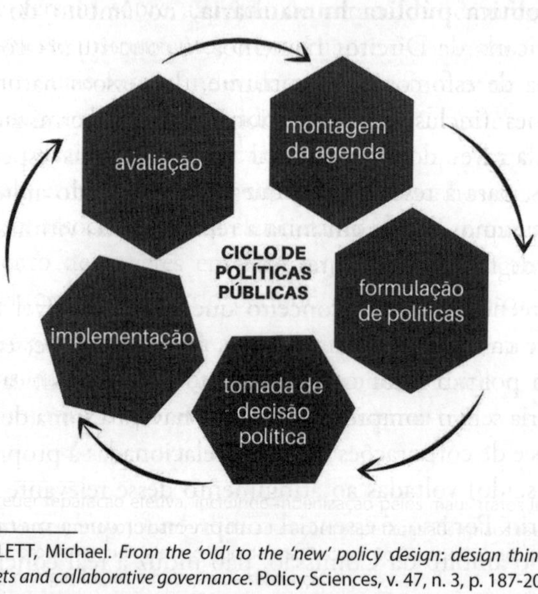

11 HOWLETT, Michael. *From the 'old' to the 'new' policy design: design thinking beyond markets and collaborative governance*. Policy Sciences, v. 47, n. 3, p. 187-207, set. 2014.

Ordinariamente, uma política pública deveria se iniciar quando o governo reconhece um problema público como sendo também politicamente relevante e o coloca na agenda. Contudo, não é bem o que acontece no âmbito das soluções oriundas da CIDH.

Na verdade, o governante só costuma agir quando da existência de uma demanda internacional posta e, então, vê-se impulsionado a formular amistosamente aquela solução, sob pena de ter contra si um desenho de uma política pública impositivo formulado pela CIDH. Ou seja, a fase de agenda só surge após a deflagração da lide no âmbito internacional ou quando a solução do caso já está delineada (recomendação). Portanto, o senso de prioridade acerca da implementação de tal desenho de política pública é fruto de uma pressão exógena do organismo internacional, o que obriga que esse tema figure na agenda do país, e não permite deliberação prévia suficiente no âmbito interno.

É possível notar, então, que uma das fases mais importantes do ciclo da política pública humanitária diz respeito ao seu **desenho** (formulação), ou seja, de qual forma e com quais instrumentos essa política pública será formada. Só depois que ela é formulada é que passa pelo crivo da agenda política, o que constitui uma **inversão do procedimento** esperado.

Grosso modo, a formulação do *design* da política pública internacional é semelhante a uma planta executiva ou uma maquete de projeto arquitetônico. Não é incomum que a planta já venha pronta (precipuamente nas decisões meritórias), sendo que o Estado precisa se desdobrar para tentar fazer aquele projeto se concretizar no mundo real. O problema é que há inúmeros fatores que contam em desfavor dessa implementação, dentre eles recursos e necessidade de convencer parceiros a executarem o plano.

Se os desenhos já vierem vinculados a determinadas ferramentas, caberá pouca margem de discricionariedade aos agentes internos para escolherem os métodos menos custosos de implementação. Por isso, o estudo e a compreensão dessas ferramentas vinculativas são de suma importância em um contexto de concretização das políticas públicas. Se escolhidas de forma intempestiva ou despropositada, todo o plano de implementação de uma determinada política pública fica em risco.

> Essas ferramentas, (...) em conjunto, constituem o conteúdo da caixa de ferramentas a partir da qual os governos devem escolher na construção ou criação de políticas públicas. O desenho de políticas eleva a análise e a prática da escolha de instrumentos de políticas - especificamente ferramentas para implementação de políticas - a um foco central de estudo.[12]

Há várias **ferramentas** que podem ser utilizadas no desenho de uma política pública, as quais não estão previstas taxativamente em uma lista ou em instrumento normativo da CIDH. Para suprir tal lacuna, esses instrumentos serão aqui agrupados em diferentes tipologias e gêneros ideais visando a facilitar a compreensão dos leitores.

As ditas ferramentas não encerram em si uma única peculiaridade, de forma tal que não é totalmente correto restringi-las a um único gênero. Serão levadas em conta as características preponderantes desses instrumentos, ou seja, se são prevalentemente econômicos, informacionais, coercitivos ou de organização. Interessante, portanto, que sejam utilizados **tipos ideais**, e não descrições perfeitas e taxativas da realidade.

De toda sorte, adequado saber tais taxonomias, porquanto auxiliam na demonstração do leque multifacetado dos tipos de instrumentos que se tem à disposição quando do desenho de uma política pública (*policy design*).

> Christopher Hood (1986a) desenvolveu uma taxonomia simples e poderosa, conhecida como "modelo NATO", propondo que todas as ferramentas políticas usavam uma de quatro categorias amplas de recursos de governo ou de controle. Ele argumentou que os governos enfrentam os problemas públicos com o uso de informações em seu poder enquanto atores

12 HOWLETT, Michael. *From the 'old' to the 'new' policy design: design thinking beyond markets and collaborative governance*. Policy Sciences, v. 47, n. 3, set. 2014, p. 207.

> políticos centrais ("nodalidade"), com o uso de seus poderes legais ("autoridade"), de seu dinheiro ("tesouro") ou das organizações formais à sua disposição ("organização"), ou NATO. Os governos podem usar estes recursos para manipular os atores políticos, por exemplo, retendo ou disponibilizando a informação ou o dinheiro, usando seus poderes coercitivos para forçar os outros atores a realizarem atividades que eles desejam, ou simplesmente empreendendo eles mesmos as atividades com o uso de seu próprio pessoal e expertise.[13]

Com inspiração nesse processo de categorização, passou-se a investigar se havia semelhante padrão nas medidas utilizadas pela Comissão Interamericana de Direitos Humanos, quando de suas recomendações, ou mesmo pelas partes em eventuais soluções amistosas. Se fosse encontrado esse padrão (atendendo ele a critérios de homogeneidade) seria possível agrupar as referidas medidas e passar a chamá-las verdadeiramente de ferramentas.

O resultado desse trabalho de catalogação foi surpreendente. As determinações da CIDH (ou medidas previstas em acordos) mantinham um padrão certo, o que permitiu sua conceituação como autênticas ferramentas de políticas públicas.

Detectar essas *ferramentas* no relatório de seguimento da CIDH foi de suma importância pois, ao se notar que os desenhos das políticas públicas (amistosas ou meritórias) eram formados por um conjunto homogêneo de ferramentas, foi possível mensurar a quantidade delas em cada *design* e, também, analisar seu índice de cumprimento.

5.4.2. Taxonomia das ferramentas

A leitura do relatório de seguimento da CIDH, bem como dos respectivos documentos petitórios de submissão de violações à Comissão, trouxe à tona a necessidade de se categorizarem as medidas que reiteradamente apareciam nos desenhos das soluções.

---

13 HOWLETT, Michael; RAMESH, M.; PERL, Anthony. *Política Pública*: seus ciclos e subsistemas, uma abordagem integral. Rio de Janeiro: Campus/Elsevier, 2013, p. 129.

Tal trabalho propedêutico permitiu evidenciar que há um rol implícito de ferramentas que está colocado à disposição do *policy designer* quando da construção dos desenhos de soluções dos casos. Não há regras expressas que obriguem os *players* ao uso dessas tipologias no *design*, mas, na prática, não se foge desse rol.

O fato de o relatório de seguimento da CIDH não trazer as terminologias próprias da literatura de políticas públicas pode ser um indicativo de que a visão dos agentes e das organizações que formatam esses desenhos é a de que as medidas acordadas ou recomendadas são simples obrigações e deveres voltados aos países violadores, e não verdadeiras políticas públicas humanitárias, o que seria um grave equívoco.

Cada uma dessas ferramentas de política pública gira em torno de certos **gêneros de intervenção social.** Ilustrativamente, existem ferramentas de política pública que usam a informação como aporte para realização de uma mudança social necessária (campanhas publicitárias), enquanto outras utilizam a distribuição de riqueza para tanto (isenção de tributos para determinado gênero). Destarte, na presente pesquisa as ferramentas de política pública foram divididas com base nos seguintes gêneros de transformação social: nodalidade (informação), autoridade (autoridade estatal), tesouro (riqueza), organização (estrutura institucional e organizacional) e medidas genéricas de não repetição. Sublinhe-se, por oportuno, que todas as ferramentas do modelo NATO interamericano têm um viés de não repetição de violações semelhantes.

Não se nega que a construção de uma **tipologia** adequada para categorizar as ferramentas de políticas públicas em gêneros não é algo totalmente novo. O que esse estudo fez foi lapidar a doutrina já existente, aperfeiçoando o modelo para o presente contexto.

Nem no modelo NATO, bem como no presente **modelo NATO interamericano**, as ferramentas são livres da interferência dos atributos afetos aos instrumentos de outras categorias ou gêneros. Por exemplo, não há que se falar em obrigação de construir um museu em homenagem à vítima (ferramenta de nodalidade) sem que se visualize que esse gasto de dinheiro funcionará como um desestímulo para eventuais novas violações (ferramenta de tesouro). Inexiste, portanto, um puro e hermético gênero de ferramentas, mas sim um entrelace necessário entre todas elas. Levou-se em consideração o que há de preponderante em cada uma delas para se alcançar a classificação mais escorreita.

Uma das dificuldades é a complicação de se subsumir as medidas contidas no relatório de seguimento da CIDH a esse novel rol de ferramentas do modelo NATO interamericano. Afinal, alguns dos pontos recomendados ou acordados (de cada um dos casos) trazem uma construção tão complexa que é difícil saber, de pronto, quais e quantas ferramentas são necessárias para atender àquele ponto em específico.

Por exemplo, existe recomendação para o governante realizar uma investigação cabal sobre a violação; todavia, bem como uma alteração legislativa permitindo essa investigação. Nesse caso, contabilizaram-se duas ferramentas de autoridade, quais sejam a A.5 (investigação) e A.7 (medida legiferante).[14]

Com ou sem limitações, as classificações oriundas do modelo NATO interamericano facilitaram sobremaneira a mensuração da efetividade das ferramentas e, por consequência, permitiram avaliar quais são tão complexas que tornam os custos de implementação do desenho difíceis de serem arcados pelo governante.

5.4.3. Quantificação de ferramentas

A quantificação real dos custos e das barreiras reais a que os governantes estão sujeitos ao tentarem implementar cada uma das ferramentas do desenho de política pública exigiria a entrevista de cada um dos governantes para saber os obstáculos

14 Nesse sentido encontra-se a recomendação feita pela CIDH ao Estado da Jamaica no bojo do Caso 12.418: "Adotar as medidas legislativas ou outras que sejam necessárias para levar a cabo uma investigação exaustiva e imparcial das violações dos direitos humanos cometidas contra o Sr. Gayle, para identificar, processar e punir todas as pessoas responsáveis por essas violações de direitos".

reais que enfrentaram ao longo do processo. Por isso, utilizando-se de **variáveis *proxys*** e de gêneros representativos de custos prevalentes, idealizou-se um constructo hábil a, por um **viés bayesiano** (avaliação de hipóteses pela máxima verossimilhança), testar as hipóteses aqui levantadas.

Além disso, nem toda ferramenta tem custos objetivos a serem aferidos (à exceção das ferramentas com caráter econômico). Mesmo no caso das ferramentas que tenham o viés prevalentemente econômico, a tentativa de quantificação esbarraria na ausência de clareza do relatório da CIDH: ou falta o número preciso de vítimas da violação, ou inexiste a quantidade de beneficiários diretos de tais ferramentas de reparação (parentes, por exemplo). Inviável, portanto, quantificar os custos econômicos, tendo em vista a dificuldade de se quantificar e identificar as vítimas e beneficiários.

A título de exemplo, cita-se o que está contido na petição 108/2000, a qual trata do Massacre de Segovia na Colômbia. O relatório da CIDH menciona que há 28 grupos familiares vitimados e hipoteticamente beneficiários das medidas de reparação elencadas no *design* da política pública. Outro bom exemplo dessa imprecisão é o Caso 11.197 da Guatemala, no qual há menção de que 233 famílias indígenas tiveram seus interesses violados e, agora, devem ser reparadas. A falta de clareza reside no fato de não se saber exatamente quantas pessoas formam esses tais *grupos familiares*.

Portanto, ao invés de se levar em consideração a quantidade de repetições de cada uma das ferramentas no mesmo desenho de determinada política pública, optou-se por levar em consideração somente o fato de tal ferramenta estar **presente** no desenho da solução. Por exemplo, em havendo o pagamento de uma só indenização (no valor X) ou mesmo vinte indenizações (valor 20 X), haverá o lançamento da ferramenta atinente à indenização. Não se conferirá peso para as ferramentas, nem muito menos serão multiplicadas em função das vezes que tal medida será aplicada concretamente em razão de determinada solução. Afinal de contas, pode ser que uma única indenização corresponda ao valor de outras vinte indenizações menores, sendo que a consideração de valores tornaria extremamente complicada a ponderação de todas as ferramentas que possuem, direta ou indiretamente, cunho econômico.

5.5. Cumprimento das ferramentas e das soluções

Além de investigar a existência de algumas ferramentas padrão utilizadas pela CIDH, é possível mensurar a **taxa de cumprimento** efetivo de cada uma delas. Para tanto, à luz do padrão de avaliação utilizado pela Comissão Interamericana de Direitos Humanos, adotaram-se como possíveis *status* de cumprimento das ferramentas isoladamente consideradas: (1) **cumprida**, (2) **descumprida** ou (3) **sem informações** sobre o cumprimento. Com essa classificação é possível aferir (em face de cada uma das ferramentas previstas nas 207 soluções contidas no relatório de seguimento da CIDH) o *índice de efetividade geral* de cada um desses instrumentos.

Na tabela a seguir, foram enumerados todos os casos contidos no relatório de seguimento da CIDH, bem como o *status* de cumprimento geral dessas soluções, o tipo de solução (amistosa ou meritória), a complexidade do *design*, bem como o *status* de cumprimento das ferramentas.

TABELA 5 – *Status* do caso, tipo de solução, complexidade do design e *status* de cumprimento das ferramentas[15]

Legenda:

CT (desenho cumprido totalmente)

PC (desenho parcialmente cumprido)

D (desenho descumprido totalmente)

Observação 1: complexidade do d*esign* das soluções consoante critério indicado na tabela 11.

Observação 2: todos os gêneros e as respectivas ferramentas foram devidamente pormenorizados nas tabelas 6, 7, 8, 9 e 10.

País	Caso	Status do caso	Tipo de solução	Design	Ferramentas previstas e cumpridas	Ferramentas previstas e ainda não cumpridas	Ferramentas previstas e sem dados sobre o seu cumprimento
Argentina	11.307	CT	Amistosa	1	A.6	X	X
Argentina	11.804	PC	Amistosa	39	N.1/ T.2/T.4	A.5/A.7/O.1/O.3	A.1/A.3/A.6
Argentina	12.080	PC	Amistosa	13	T.4/T.5	N.6/A.7	N.1
Argentina	12.298	PC	Amistosa	18	T.4/T.5	N.1 / N.4/A.1/ A.7	X
Argentina	12.159	PC	Amistosa	13	T.4/T.5	N.1 / N.7	A.1
Argentina	11.732	PC	Mérito	3	A.10	N.3	X

15 CIDH, Relatório Anual. Mar. 2017 Disponível em: <http://www.oas.org/es/cidh/docs/anual/2016/docs/InformeAnual2016cap2Dseguimiento-es.pdf> Acesso em: 06 mai. 2017.

País	Caso	Status do caso	Tipo de solução	Design	Ferramentas previstas e cumpridas	Ferramentas previstas e ainda não cumpridas	Ferramentas previstas e sem dados sobre o seu cumprimento
Argentina	11.758	CT	Amistosa	4	N.1/N.3/N.6	X	X
Argentina	11.796	CT	Amistosa	1	T.1	X	X
Argentina	12.536	PC	Amistosa	19	N.2/T.1/T.4/O.2	N.6/A.5	X
Argentina	P.242/03	PC	Amistosa	12	A.7	N.1/ N.5/N.6/A.6	X
Argentina	P. 4554/02	CT	Amistosa	3	A.7/T.1	X	X
Argentina	P. 2829/02	CT	Amistosa	3	A.7	X	T.1
Argentina	11.708	CT	Amistosa	3	A.4/T.6	X	X
Argentina	11.833	CT	Amistosa	1	O.3	X	X
Argentina	12.532	PC	Amistosa	44	N.1/N.2/N.5/A.6/O.1	A.5/T.5/O.2	A.1/A.7/A.10
Argentina	12.306	PC	Amistosa	5	A.6	N.6/A.7	X
Argentina	11.670	CT	Amistosa	5	N.6/A.2/A.6	X	X
Argentina	12.324	PC	Mérito	8	T.1	A.5	A.3/A.7
Argentina	12.182	PC	Amistosa	2	X	T.4/T.5	X
Argentina	P. 21/05	D	Amistosa	13	X	N.1/N.6/A.5/T.4/T.5	X
Argentina	12.710	PC	Amistosa	6	A.8	N.5/T.8	X
Argentina	12.632	D	Mérito	28	X	N.1/N.3/N.6/A.4/A.6/ A.7/A.10/T.6	X

País	Caso	Status do caso	Tipo de solução	Design	Ferramentas previstas e cumpridas	Ferramentas previstas e ainda não cumpridas	Ferramentas previstas e sem dados sobre o seu cumprimento
Bahamas	12.067 / 12.068/ 12.086	PC	Mérito	12	X	A.6/A.7/A.8/A.10	T.1
Bahamas	12.265	PC	Mérito	12	X	A.6/A.7/A.8/A.10	T.1
Bahamas	12.513	D	Mérito	7	X	A.6/A.7/A.8/A.10	X
Bahamas	12.231	D	Mérito	17	X	A.3/A.5/A.7/A.8/A.10	T.1
Belize	12.053	D	Mérito	8	X	A.6/A.7/A.10/T.6	X
Bolívia	12.475	PC	Amistosa	4	A.1/A.6	A.7	X
Bolívia	12.516	CT	Amistosa	1	A.4	X	X
Bolívia	P. 269/05	CT	Amistosa	1	T.6	X	X
Bolívia	P. 788/06	CT	Amistosa	3	A.9/T.6	X	X
Bolívia	12.350	CT	Amistosa	2	N.1/N.4	X	X
Brasil	12051	PC	Mérito	29	N.5	A.5/A.6/A.7/A.10/O.1	N.4/T.1
Brasil	11.286 / 11.407/ 11.406/ 11.416/ 11.413/ 11.417/ 11.412 e 11.415.	PC	Mérito	8	A.5	A.7	A.10/O.1

País	Caso	Status do caso	Tipo de solução	Design	Ferramentas previstas e cumpridas	Ferramentas previstas e ainda não cumpridas	Ferramentas previstas e sem dados sobre o seu cumprimento
Brasil	11.517	PC	Mérito	5	X	A.5	A.10/T.1
Brasil	10.301	PC	Mérito	8	A.7	A.1/T.1	A.5
Brasil	11.289	PC	Amistosa	24	X	A.5/A.6/A.7	N.7/T.1/T.9/O.3
Brasil	11.556	PC	Mérito	13	X	A.5/A.6/A.7/T.1/NR	X
Brasil	11.634	PC	Mérito	18	X	A.5/A.6/A.7/A.10	N.5/T.1
Brasil	12.426/ 12.427	CT	Amistosa	24	N.2/N.3/N.5/A.6/T.1/ T.8/O.3	X	X
Brasil	12.001	PC	Mérito	34	N.3/N.7/T.1/T.8	A.5/A.7	N.5/A.6/O.1
Brasil	12.019	D	Mérito	9	X	N.5/A.5/A.7/T.1	X
Brasil	12.310	PC	Mérito	8	X	A.5/A.6/A.10/T.1	X
Brasil	12.440	PC	Mérito	8	T.1	A.5/A.6/A.10	X
Brasil	12.308	PC	Mérito	9	N.3/T.1	A.5/A.10	X
Canadá	12.586	PC	Mérito	17	A.7/A.10	A.1/T.1	A.3/A.6
Chile	11.771	PC	Mérito	5	X	A.5/A.7	T.1
Chile	11.715	CT	Amistosa	5	N.2/T.3/T.8	X	X
Chile	P. 12.046	CT	Amistosa	3	N.2/T.8	X	X
Chile	P. 11.725	PC	Mérito	18	N.2/N.3/T.1	A.5/A.6/A.7	X
Chile	P. 4617/02	PC	Amistosa	8	X	A.6/A.10/T.8	A.7

País	Caso	Status do caso	Tipo de solução	Design	Ferramentas previstas e cumpridas	Ferramentas previstas e ainda não cumpridas	Ferramentas previstas e sem dados sobre o seu cumprimento
Chile	12.142	CT	Mérito	1	T.1	X	X
Chile	12.337	CT	Amistosa	13	N.1/N.7/A.7/T.1/T.8	X	X
Chile	P. 490/03	CT	Amistosa	18	N.1/N.2/N.7/A.3/ A.6/T.8	X	X
Chile	12.469	PC	Mérito	5	A.3/A.7	T.1	X
Chile	12.281	CT	Amistosa	5	N.1/N.6/T.1	X	X
Chile	12.195	CT	Amistosa	18	N.1/N.2/N.6/A.1/ T.1/T.8	X	X
Chile	12.232	CT	Amistosa	2	N.1/N.6	X	X
Colômbia	11.654	PC	Mérito	13	T.1	A.5/A.6/A.10/NR	X
Colômbia	11.710	PC	Mérito	13	T.1	A.5/A.6/A.10/NR	X
Colômbia	11.712	PC	Mérito	13	T.1	A.5/A.6/A.10/NR	X
Colômbia	11.141	PC	Amistosa	19	T.1/O.3	N.1/A.5	N.2/A.6
Colômbia	10.205	CT	Amistosa	3	A.3/T.1	X	X
Colômbia	12.009	CT	Mérito	9	N.2/N.5/A.5/T.1	X	X
Colômbia	12.448	CT	Mérito	3	T.1/NR	X	X
Colômbia	P. 477/05	CT	Amistosa	9	N.2/A.5/T.1/T.8	X	X
Colômbia	P. 401-05	PC	Amistosa	18	N.2/N.4/T.1/T.8	A1/A.5	X
Colômbia	10.916	PC	Mérito	5	X	A.5/T.1	A.10

País	Caso	Status do caso	Tipo de solução	Design	Ferramentas previstas e cumpridas	Ferramentas previstas e ainda não cumpridas	Ferramentas previstas e sem dados sobre o seu cumprimento
Colômbia	P. 12.376 / P. 653	PC	Amistosa	12	N.3	N.4/N.5/T.1/T.8	X
Colômbia	12.756	PC	Amistosa	13	N.4	T.1/T.8	N.5/A.5
Colômbia	P.108/00	PC	Amistosa	23	N.2/N.3/N.4/N.5	A.5/T.1/T.8	X
Colômbia	P. 577/06	PC	Amistosa	9	N.2	A.5/T.1/T.8	X
Cuba	12.476	PC	Mérito	13	A.8	A.6/A.7/T.1/NR	X
Cuba	12.477	D	Mérito	9	X	A.6/A.7/T.1/NR	X
Equador	11.421	PC	Amistosa	8	T.1/T.4	A.1/A.5	X
Equador	11.439	PC	Amistosa	8	T.1/T.4	A.1/A.5	X
Equador	11.445	CT	Amistosa	8	A.1/A.5/T.1/T.4	X	X
Equador	11.466	PC	Amistosa	8	T.1/T.4	A.1/A.5	X
Equador	11.584	PC	Amistosa	8	T.1/T.4	A.1/A.5	X
Equador	11.783	PC	Amistosa	8	T.1/T.4	A.1/A.5	X
Equador	11.868	PC	Amistosa	5	T.1	A.1/A.5	X
Equador	11.991	PC	Amistosa	8	T.1/T.4	A.1/A.5	X
Equador	11.478	PC	Amistosa	5	T.1	A.1/A.5	
Equador	11.512	PC	Amistosa	8	T.1/T.4	A.1/A.5	X
Equador	11.605	PC	Amistosa	8	T.1/T.4	A.1/A.5	X

País	Caso	Status do caso	Tipo de solução	Design	Ferramentas previstas e cumpridas	Ferramentas previstas e ainda não cumpridas	Ferramentas previstas e sem dados sobre o seu cumprimento
Equador	11.779	PC	Amistosa	8	T.1/T.4	A.1/A.5	X
Equador	11.992	PC	Mérito	5	A.7	A.5/T.1	X
Equador	11.441	PC	Amistosa	8	T.1/T.4	A.1/A.5	X
Equador	11.443	PC	Amistosa	8	T.1/T.4	A.1/A.5	X
Equador	11.450	PC	Amistosa	8	T.1/T.4	A.1/A.5	X
Equador	11.542	PC	Amistosa	8	T.1/T.4	A.1/A.5	X
Equador	11.574	PC	Amistosa	8	T.1/T.4	A.1/A.5	X
Equador	11.632	PC	Amistosa	8	T.1/T.4	A.1/A.5	X
Equador	12.007	PC	Amistosa	8	T.1/T.4	A.1/A.5	X
Equador	11.515	PC	Amistosa	8	T.1/T.4	A.1/A.5	X
Equador	12.188	PC	Amistosa	8	T.1/T.4	A.1/A.5	X
Equador	12.394	PC	Amistosa	8	T.1/T.4	A.1/A.5	X
Equador	12.205	PC	Amistosa	8	T.1/T.4	A.1/A.5	X
Equador	12.207	PC	Amistosa	8	T.1/T.4	A.1/A.5	X
Equador	12.238	PC	Amistosa	23	T.1/T.4	N.1/N.3/A.1/A.5/A.8	X
Equador	12.558	PC	Amistosa	5	T.1/T.4	A.5	X
Equador	12.487	PC	Mérito	6	N.3	A.5/T.1	X
Equador	12.525	PC	Mérito	2	A.3	A.7	X

País	Caso	Status do caso	Tipo de solução	Design	Ferramentas previstas e cumpridas	Ferramentas previstas e ainda não cumpridas	Ferramentas previstas e sem dados sobre o seu cumprimento
Equador	P. 533/05	PC	Amistosa	5	T.1/T.4	A.5	X
Equador	12.631	PC	Amistosa	29	N.5/A.10/T.1/T.8	A.5/A.7/O.1/O.3	X
El Salvador	12.249	PC	Mérito	24	N.1/N.3/T.1/T.4	A.7	N.5/O.3
Estados Unidos	9.903	D	Mérito	4	X	A.3/A.6/A.7	X
Estados Unidos	12.243	D	Mérito	8	X	A.6/A.7/A.8/T.1	X
Estados Unidos	11.753	PC	Mérito	4	A.3	A.6/A.7	X
Estados Unidos	12.285	CT	Mérito	4	A.3/A.6/A.7	X	X
Estados Unidos	11.140	D	Mérito	4	X	A.3/A.6/A.7	X
Estados Unidos	11.193	PC	Mérito	8	X	X	A.6/A.7/A.10/T.1
Estados Unidos	11.204	D	Mérito	4	X	A.3/ A.6/A.7	X
Estados Unidos	11.331	PC	Mérito	11	X	A.3/A.6/A.7/A.8/A.10	X
Estados Unidos	12.240	PC	Mérito	8	X	A.6/A.7/A.10/T.1	X
Estados Unidos	12.412	PC	Mérito	8	X	A.6/A.7/A.10/T.1	X
Estados Unidos	12.430	PC	Mérito	7	X	A.3/A.6/A.7/A.10	X
Estados Unidos	12.439	PC	Mérito	8	X	X	A.6/A.7/A.10/T.1
Estados Unidos	12.421	PC	Mérito	8	X	A.6/A.7/A.10/T.1	X
Estados Unidos	12.534	PC	Mérito	1	X	A.9	X
Estados Unidos	12.644	D	Mérito	12	X	A.3/A.6/A.7/A.10/T.1	X

País	Caso	Status do caso	Tipo de solução	Design	Ferramentas previstas e cumpridas	Ferramentas previstas e ainda não cumpridas	Ferramentas previstas e sem dados sobre o seu cumprimento
Estados Unidos	12.562	D	Mérito	11	X	A.1/A.3/A.6/A.7/A.10	X
Estados Unidos	12.626	PC	Mérito	18	X	A.5/A.6/A.7/A.10/T.1	N.5
Estados Unidos	12.776	D	Mérito	8	X	A.5/A.6/A.7/T.1	X
Estados Unidos	11.575/12.333 e 12.341	D	Mérito	12	X	A.3/A.6/A.7/A.10/T.1	X
Estados Unidos	12.864	D	Mérito	7	X	A.3/A.6/A.7/A.10	X
Estados Unidos	12.422	D	Mérito	11	X	A.3/A.6/A.7/A.9/A.10	X
Estados Unidos	12.873	D	Mérito	12	X	A.1/A.6/A.7/A.10/T.1	X
Estados Unidos	12.833	D	Mérito	11	X	A.1/A.3/A.6/A.7/A.10	X
Estados Unidos	12.831	D	Mérito	11	X	A.1/A.3/A.6/A.7/A.10	X
Estados Unidos	12.994	D	Mérito	11	X	A.1/A.3/A.6/A.7/A.10	X
Granada	12.028	PC	Mérito	12	A.8	A.6/A.7/A.10/T.1	X
Granada	11.765	PC	Mérito	12	A.8	A.6/A.7/A.10/T.1	X
Granada	12.158	PC	Mérito	12	A.8	A.6/A.7/A.10/T.1	X
Guatemala	11.625	PC	Mérito	29	O.1/O.3	N.6/N.7/A.6/A.7/A.10/T.1	X
Guatemala	9.207	PC	Mérito	5	T.1	A.1/A.5	X

País	Caso	Status do caso	Tipo de solução	Design	Ferramentas previstas e cumpridas	Ferramentas previstas e ainda não cumpridas	Ferramentas previstas e sem dados sobre o seu cumprimento
Guatemala	10.626, 10.627, 11.198, 10.799, 10.751 e 10.901	PC	Mérito	13	A.1	A.5/A.10/T.1/NR	X
Guatemala	9.111	PC	Mérito	29	N.3/T.1/T.8/O.1	N.2/A.1/A.5/A.7	X
Guatemala	11.382	PC	Mérito	20	X	N.2/A.5/T.1/T.8	O.3/NR
Guatemala	11.312	PC	Amistosa	9	N.3/T.1/T.4	A.5	X
Guatemala	11.766	PC	Amistosa	23	N.1/N.2/N.3/N.4/N.6	A.5/T.8	X
Guatemala	11.197	PC	Amistosa	9	X	A.5/A.10/T.8	N.6
Guatemala	9.168	PC	Amistosa	13	T.1/T.4	N.2/A.5/T.8	X
Guatemala	P. 133-04	PC	Amistosa	18	X	N.3/A.5/T.8	N.2/N.5/T.3
Guatemala	10.855	PC	Amistosa	29	N.1/N.2/N.3/T.1/T.4	A.5/T.8/O.1	X
Guatemala	11.171	PC	Mérito	9	A.1	A.5/NR	T.1
Guatemala	11.658	PC	Mérito	5	A.1	A.5	NR
Guatemala	11.422	PC	Amistosa	18	N.1/N.2/N.3/T.1	A.1/A.5	X
Guatemala	12.546	PC	Amistosa	33	N.1/N.2/N.3/N.4/ N.5/T.1/T.6	N.7/A.1	X
Guatemala	12.591	CT	Amistosa	2	T.1/T.8	X	X

País	Caso	Status do caso	Tipo de solução	Design	Ferramentas previstas e cumpridas	Ferramentas previstas e ainda não cumpridas	Ferramentas previstas e sem dados sobre o seu cumprimento
Guatemala	P. 279-03	PC	Amistosa	18	N.1/N.2/N.3/T.1/T.4	A.5	X
Guiana	12.264	D	Mérito	12	X	A.1/A.5/A.6/A.10/T.1	X
Guiana	12.504	PC	Mérito	17	A.8	A.5/A.6/A.7/A.10/T.1	X
Haiti	11.335	D	Mérito	5	X	A.5/A.10/T.1	X
Honduras	11.805	CT	Amistosa	5	A.5/A.6/T.1	X	X
Honduras	12.547	CT	Amistosa	1	T.1	X	X
Jamaica	11.826, 11.843, 11.846 e 11.847	PC	Mérito	17	A.8	T.1	A.5/A.6/A.7/A.10
Jamaica	12.069	PC	Mérito	13	X	A.5/T.1	N.5/A.6/A.10
Jamaica	12.183	PC	Mérito	17	A.3/A.8	T.1	A.6/A.7/A.10
Jamaica	12.275	PC	Mérito	12	X	A.8/T.1	A.6/A.7/A.10
Jamaica	12.347	PC	Mérito	12	A.8	A.6/A.7/A.10/T.1	X
Jamaica	12.417	D	Mérito	17	X	A.3/A.6/A.7/A.8/A.10/T.1	X
Jamaica	12.418	PC	Mérito	29	N.2/T.1	A.5	N.5/A.6/A.7/A.10/O.3
Jamaica	12.447	PC	Mérito	7	X	A.3	A.6/A.7/A.10
México	11.565	D	Mérito	13	X	N.3/N.5/A.5/T.1/T.8	X

País	Caso	Status do caso	Tipo de solução	Design	Ferramentas previstas e cumpridas	Ferramentas previstas e ainda não cumpridas	Ferramentas previstas e sem dados sobre o seu cumprimento
México	11.807	CT	Amistosa	5	A.1/A.5/T.1	X	X
México	388-01	CT	Amistosa	18	N.3/N.4/N.6/A.1/T.3/T.8	X	X
México	12.130	D	Mérito	5	X	A.1/A.5/T.1	X
México	P. 161/02	CT	Amistosa	18	N.3/N.6/A.6/A.10/T.1/T.8	X	X
México	11.822	PC	Amistosa	13	N.2/N.3/T.1	A.5/T.8	X
México	12.228	PC	Mérito	8	A.3/A.8	A.5/T.1	X
México	12.642	PC	Amistosa	13	N.2/N.3/T.1/T.8	A.5	X
México	12.623	CT	Amistosa	8	A.1/A.3/T.1/T.8	X	X
México	12.660	CT	Amistosa	6	N.6/A.8/T.1	X	X
México	P. 318/05	CT	Amistosa	23	N.2/N.3/A.5/A.6/A.7/T.1/T.8	X	X
México	12.551	PC	Mérito	49	N.2/N.3/T.1/O.1	N.4/N.5/N.6/N.7/A.1/A.5/A.10/T.8	X
México	12.769	PC	Amistosa	29	N.3/N.4/T.1/T.8	N.6/A.10/O.3	N.7
México	12.689	CT	Mérito	23	N.3/N.5/A.4/A.7/A.10/T.1/T.8	X	X
México	12.813	PC	Amistosa	2	T.1	T.8	X
Nicaragua	11.381	PC	Mérito	5	T.1/T.6	A.5	X

País	Caso	Status do caso	Tipo de solução	Design	Ferramentas previstas e cumpridas	Ferramentas previstas e ainda não cumpridas	Ferramentas previstas e sem dados sobre o seu cumprimento
Paraguai	11.506	PC	Mérito	6	X	A.5/T.1/NR	X
Paraguai	11.607	PC	Mérito	43	X	A.5	N.1/N.2/N.3/N.6/A.1/A.6/ A.7/A.10/T.1/T.4
Paraguai	12.431	CT	Mérito	4	A.2/ A.6/A.10	X	X
Paraguai	12.358	PC	Amistosa	18	N1./N.2/N.3/A.2	A.5/T.8	X
Paraguai	P.1097/06	CT	Amistosa	13	N.1/N.2/N.3/A.1/T.8	X	X
Peru	11.800	CT	Mérito	5	A.4/A.5/T.6	X	X
Peru	11.031	PC	Mérito	12	T.1	A.5/A.7/T.8	A.6
Peru	10.247	PC	Mérito	12	X	A.5/A.6/ A.7/T.1/T.8	X
Peru	11.099	PC	Mérito	12	T.1/T.8	A.5/A.6/ A.7	X
Peru	12.035	CT	Amistosa	5	A.4/T.1/T.4	X	X
Peru	12.191	PC	Amistosa	22	T.1/T.4	A.5/A.6/A.7/A.10/T.8	X
Peru	11.149	CT	Amistosa	12	A.1/A.3/T.1/T.4/T.8	X	X
Peru	12.078	PC	Amistosa	8	X	A.1/A.4/A.5/T.6	X
Peru	P. 185-02	CT	Amistosa	9	N.2/A.4/T.1/T.6	X	X
Peru	12.033	CT	Amistosa	2	T.1/T.4	X	X
Peru	P. 711-01, P. 33-03, P. 732-01 e P. 758-01	PC	Amistosa	23	X	N.2/A.4/T.1/T.6	A.3/A.6/A.7

País	Caso	Status do caso	Tipo de solução	Design	Ferramentas previstas e cumpridas	Ferramentas previstas e ainda não cumpridas	Ferramentas previstas e sem dados sobre o seu cumprimento
Peru	P. 494-04	PC	Amistosa	9	T.1/T.6	N.2/A.4	X
Peru	P. 71-06	PC	Amistosa	23	X	N.2/A.3/A.4/A.6/A.7/ T.1/T.6	X
Peru	12.041	CT	Amistosa	10	N.6/A.1/T.8/O.3	X	X
República Dominicana	12.174	CT	Amistosa	6	N.5/A.10/T.1	X	X
Trinidad e Tobago	12.269	D	Mérito	7	X	A.3/A.6/A.7/A.10	X
Uruguay	11.500	CT	Mérito	13	N.2/A.1/A.4/A.7/T.1	X	X
Uruguay	P. 228-07	CT	Amistosa	6	N.1/A.7/T.1	X	X
Uruguay	12.553	PC	Mérito	7	A.8	A.6/A.7/A.10	X
Venezuela	12.555	D	Amistosa	2	X	T.1/T.4	X
Venezuela	11.706	PC	Amistosa	9	X	A.6/A.10/T.8	O.1
Venezuela	12.473	PC	Amistosa	23	T.1/T.2/T.6	N.2/N.3/N.7	A.6

Analisando-se a tabela, é possível avançar para outro tipo de análise, agora sobre o índice de efetividade das ferramentas isoladamente consideradas. Presume-se que as ferramentas que possuem baixa taxa de cumprimento são materialmente **inadequadas a todo e qualquer desenho** de política pública e, por isso, havendo a presença em um *design,* seja ele amistoso ou meritório, numeroso ou enxuto, aumentam as chances de **descumprimento** total ou parcial da solução.

5.6. Índice de efetividade geral das ferramentas

Para a formação de um índice de efetividade geral das ferramentas, não se levou em consideração o percentual de cumprimento da ferramenta em face de cada um dos Estados analisados. Por isso, o índice é tido como geral, e não específico de cada um dos países. Foi no contexto geral dos 207 casos que tramitaram na CIDH (consoante relatório publicado em 2017) que se norteou a análise da propensão genérica ao cumprimento ou ao descumprimento de cada uma das ferramentas. Até mesmo quando houve incerteza sobre o cumprimento da ferramenta tal dado foi levado em consideração[16].

Esse índice de efetividade oscila **entre 0 e 1**, sendo que, quanto mais se aproxima do zero, menor sua taxa de cumprimento percentual (0%); e quanto mais se aproxima de 1, maior sua taxa de cumprimento percentual (100%).

Por mais que o índice de efetividade geral possa ficar prejudicado quando existam suficientes casos de imprecisão quanto ao cumprimento da ferramenta, tal opção pareceu mais acertada do que ignorar esse número, até porque um relatório posterior da CIDH (corrigido e atualizado) pode facilitar a reconformação do indicador.

16. Um trabalho anterior já havido sido desenvolvido acerca de tal índice de efetividade e sobre as suas respectivas ferramentas. Nesse sentido, vide: COSTA, Adriano Sousa. RORIZ, João. As recomendações e as soluções amistosas da Comissão Interamericana de Direitos Humanos: política, preferências e cumprimento. Revista do Serviço Público. Brasília: ENAP, 2020, no prelo, DOI https://doi.org/10.21874/rsp.v71i3.3786.

O índice de efetividade da ferramenta pode ser resumido da seguinte forma:

$$E: \frac{C}{C+D+I}$$

Legenda:

E significa o índice de efetividade geral da ferramenta (o qual varia entre 0 e 1);

C representa a quantidade de vezes que a ferramenta foi prevista e cumprida;

D indica a quantidade de vezes que a ferramenta foi prevista e descumprida;

I enceta a quantidade de vezes que a ferramenta foi prevista, mas não há dados sobre seu cumprimento (indeterminação).

Ousa-se dizer que há presunção de inaptidão material do desenho quando o índice de efetividade de uma (ou de várias) ferramenta está muito distante de 1 e muito próximo de 0. Isso não pode ser confundido com o fato de que alguns desenhos compostos por muitas ferramentas, divididas em vários gêneros, são presumidos formalmente inaptos.

Preferiu-se cunhar a expressão *presunção de inaptidão*, pois, conforme defendido no presente modelo, o governante pode, se acreditar vantajoso o cumprimento de um desenho muito complexo (formal e materialmente), cumpri-lo. Por isso, é só uma presunção de inaptidão. Ademais, em Ciência Política, não há certezas cartesianas, mas, sim, um viés probabilístico bayesiano.

O índice de efetividade geral das ferramentas é importante por dois motivos. O primeiro, permite a análise da inaptidão material de certas ferramentas ao cumprimento total, independentemente do contexto do país em que serão impostas. Não se leva em consideração a aptidão dela em ser cumprida por determinado país ou em um momento histórico certo; mas, sim, de forma conglobada e protraída no tempo.

O segundo motivo é que esse índice acaba demonstrando que, por mais que a menor complexidade numérica do desenho da política pública possa ter influência no cumprimento total das referidas soluções, pode ser relevante analisar isoladamente cada uma das ferramentas. Enfim, mesmo que seja presumível que uma menor quantidade de ferramentas no desenho da solução incremente a sua possibilidade de cumprimento total, não se pode esquecer que ferramentas específicas - cravadas de um menor percentual histórico de cumprimento - podem diminuir as chances de cumprimento total da demanda.

Os conceitos acerca da aptidão formal e material dos desenhos e das ferramentas de políticas públicas fazem todo o sentido. Presume-se que desenhos que contenham poucas ferramentas (**aptidão formal**) e que também prevejam ferramentas com índice de efetividade geral adequado (**aptidão material**) sejam os mais propensos ao cumprimento total.

O índice de efetividade geral das ferramentas tem a vocação para sobressaltar os presumidos custos institucionais, legais, políticos e econômicos para o cumprimento de cada uma das ferramentas. Em outros termos, a exemplo do que se espera ao analisar a complexidade numérica dos desenhos das políticas públicas, o índice de efetividade geral também funciona como forte atalho informacional para demonstrar os custos de implementação de cada uma das ferramentas.

Quanto menor o índice de efetividade, maiores as chances percentuais de os custos imanentes à sua concretização serem altos e vice-versa.

Esse índice evidencia que a escolha por determinadas ferramentas (em um respectivo desenho de solução) pode incrementar as chances de cumprimento total. Medidas que têm maior índice de efetividade são aquelas que opõem menores custos aos governantes e, por isso, possuem maior chance de cumprimento.

É claro que quem julga se é ou não vantajoso o cumprimento das medidas é o governante. Por isso, o presente índice só indica, percentualmente, a maior propensão ao cumprimento (de acordo com o histórico de cada uma das medidas), mas não confere certeza de que serão adimplidas. É uma estimativa dos custos imanentes para a sua concretização, bem como da sua maior ou menor aceitação por parte de todos os governos, por isso vinculando-se ao viés bayesiano.

5.7. Categorias de ferramentas de políticas públicas e índice de efetividade geral

5.7.1. Ferramentas de nodalidade

A primeira categoria é a de nodalidade. Essa categoria de ferramentas de política pública se pauta no **uso da informação** como vetor para o atingimento dos fins humanitários visados. Dentre as possibilidades de ferramentas dessa categoria estão as campanhas publicitárias, a exortação (ou persuasão), o *benchmarking,* as comissões e os inquéritos.[17]

Contudo, como já se havia alertado, na senda interamericana, são necessárias algumas readequações nas ferramentas que compõem originariamente esse gênero, em face das especificidades do palco em que serão aplicadas, qual seja, o Sistema Interamericano de Direitos Humanos (campo organizacional).

Feita uma análise minudente do relatório de seguimento de casos da CIDH, na categoria nodalidade foi possível aferir a presença de seguintes ferramentas comuns nas soluções amistosas e nas meritórias.

TABELA 6 – Ferramentas de política pública de nodalidade[18]

Legenda:

Cumpr. - Casos de cumprimento da ferramenta dentre os casos em que ela se encontra prevista;;

Descumpr. - Casos de descumprimento da ferramenta dentre os casos em que ela se encontra prevista;

Imprec. - Casos de imprecisão quanto ao cumprimento/descumprimento da ferramenta dentre os casos em que ela se encontra prevista;

Índice- Índice de efetividade geral da ferramenta.

17 HOWLETT, Michael; RAMESH, M.; PERL, Anthony. *Política Pública: seus ciclos e subsistemas, uma abordagem integral.* Rio de Janeiro: Campus/Elsevier, 2013.

18 CIDH, Relatório Anual. Mar. 2017 Disponível em: <http://www.oas.org/es/cidh/docs/anual/2016/docs/InformeAnual2016cap2Dseguimiento-es.pdf> Acesso em: 06 mai. 2017.

Sigla	Descrição	Cumpr.	Descump.	Imprec.	Índice
N.1	Publicação do acordo, da recomendação ou do resultado de trabalho na imprensa nacional e/ou na local.	17	7	2	0,6538
N.2	Declaração pública em honra ao nome da vítima e/ou seus familiares, seja por meio da imprensa, seja por outra forma simbólica.	27	7	3	0,7297
N.3	Reconhecimento, por meio de ato público ou pedido de desculpas formal, da responsabilidade internacional do Estado.	26	6	1	0,7878
N.4	Alteração, modificação ou criação de assuntos, atividades ou matérias em grades curriculares de cursos de formação profissional (inclusive policiais).	8	3	1	0,6666
N.5	Promover a capacitação de agentes públicos (inclusive policiais).	9	6	8	0,39130
N.6	Produção de informações através da realização de estudos, de reuniões, de grupos de trabalho, de comissões da Verdade, de planos de ação (inclusive para realização de revisões legais).	10	9	2	0,4761
N.7	Difundir informações, por meio de campanha, atividades acadêmicas, palestras ou símiles, com a finalidade de exortar determinada prática com viés humanitário.	3	5	2	0,3

Curioso que algumas dessas ferramentas de nodalidade também se voltam à reparação moral pública da vítima ou mesmo de seus parentes, mesmo que de forma reflexa. Também dependem de certo aporte financeiro para que se viabilize tal difusão informacional. Esses dois atributos secundários dessas ferramentas não desnaturam a característica principal dela, a saber, o seu viés prevalentemente informacional.

Perceba-se que as ferramentas **N.1, N.2 e N.3** são caracterizadas também por uma carga de reparação individual. Trazem a reboque uma possível consequência de incentivo à não repetição de violações semelhantes, porquanto podem ser economicamente custosas ao Estado violador. Não obstante, mantiveram a prevalência da informação como característica mais sobressaltada.

Com efeito, a construção de um monumento em praça pública pode ser um bom paradigma nesse sentido. Com o fito de reparar a honra das vítimas de torturas e de desaparecimentos forçados por forças policiais militarizadas, o governante do país violador pode ser obrigado a construir uma estátua, o que lhe trará custos financeiros. Contudo, tal providência ainda seria enquadrada na ferramenta N.2, até porque o seu viés principal é o de transmitir informação (por meio daquela obra artística simbólica) sobre as violações para todo o conjunto social. Só reflexamente atinge-se a reparação indireta das vítimas (pela representação pública da repulsa aos atos por ela sofridos), gerando perdas econômicas para o Estado (gastos da construção).

Há outras ferramentas de nodalidade nas quais as informações são direcionadas a determinados grupos vetores, à medida que são aptas a difundirem boas práticas em virtude da internalização de informações. Nessa senda, cita-se as ferramentas elencadas nos itens **N.4 e N.5.** Aqui, a burocracia de nível de rua está no epicentro da intervenção humanitária. Um bom exemplo de tais medidas é a modificação de grades curriculares em cursos de formação e a capacitação de agentes públicos diretamente envolvidos no processo de violação.

Esse tipo de ferramenta é voltado a grupos de atores na tentativa de que eles, internalizando os novos vetores, construam outra forma de agir, utilizando-se das premissas das estruturas-estruturantes.[19] É uma aposta na exortação informacional de valores humanitários, e não no caráter mandamental do Estado (o qual se vincula à categoria de autoridade).

19 BOURDIEU, Pierre. *O poder simbólico*. 13 ed. Rio de Janeiro: Bertrand Brasil, 2010.

Existem também ferramentas nas quais a produção de informações, por meio de estudos ou de grupos de trabalho, tornam-se a finalidade em si. Aqui se inserem os grupos de trabalho, as comissões da verdade e até mesmo os grupos para subsidiar alterações legislativas. Nesse caso, há que se gizar que a ferramenta elencada no item **N.6** (produção de informações) não se confunde com a ferramenta elencado no item A.7 (a qual é a própria recomendação de mudança legislativa). Uma coisa é determinar que se produzam informações para subsidiar a decisão sobre eventual mudança legislativa; outra é fazer que essas mudanças nas leis aconteçam na prática. Os custos envolvidos são presumivelmente maiores na ferramenta legiferante (A.7). Isso pode ser evidenciado no diferente índice de efetividade geral das duas ferramentas.[20]

Por fim, a ferramenta **N.**7 é uma ferramenta que funciona como soldado de reserva, ou seja, quando nenhuma outra cabe no caso concreto, avoca-se ela como supedâneo. É uma cláusula mais aberta e genérica, mas que tem inegável uso prático. Essa difusão visa a exortar práticas favoráveis aos pilares dos direitos humanos e, destarte, evitar lesões futuras semelhantes.

5.7.2. Ferramentas de autoridade

Os instrumentos políticos pautados na autoridade trazem como peculiaridade o sobressalto do **poder de império do Estado** frente aos desejos e aos desígnios dos próprios membros da burocracia estatal, bem como dos seus administrados.

Dentre as ferramentas dessa categoria estão a regulação de comando e de controle, bem como os comitês consultivos.[21] É óbvio que a categoria autoridade também sofreu readequações para que se amoldasse às necessidades do presente modelo.

---

20 Conforme tabelas 6 e 7.

21 HOWLETT, Michael; RAMESH, M.; PERL, Anthony. *Política Pública*: seus ciclos e subsistemas, uma abordagem integral. Rio de Janeiro: Campus/Elsevier, 2013.

TABELA 7 – Ferramentas de política pública de autoridade

Legenda:

Cumpr. - Casos de cumprimento da ferramenta dentre os casos em que ela se encontra prevista;

Descumpr. - Casos de descumprimento da ferramenta dentre os casos em que ela se encontra prevista;

Imprec. - Casos de imprecisão quanto ao cumprimento/descumprimento da ferramenta dentre os casos em que ela se encontra prevista;

Índice - Índice de efetividade geral da ferramenta.

Sigla	Descrição	Cumpr.	Descump.	Imprec.	Índice
A.1	Determinação para que os órgãos ou os poderes internos prestem informações ou realizem determinados atos administrativos e/ou de administração.	13	41	4	0,2241
A.2	Determinação para que os órgãos ou os poderes internos restrinjam recursos judiciais contra sentenças favoráveis às vítimas das violações ou arquivem procedimentos que atualmente tramitam em seu desfavor.	3	0	0	1
A.3	Determinação para que os órgãos ou os poderes internos criem condições para as vítimas interporem recursos ou ajuizarem ações em face das violações sofridas, inclusive para que obtenham um novo julgamento ou exercitem quaisquer de seus direitos.	10	18	4	0,3125
A.4	Determinação para que os órgãos ou os poderes internos admitam ou readmitam pessoas (em cargos, empregos e funções) e retornem ao gozo de vantagens pessoais.	7	5	0	0,5833

Sigla	Descrição	Cumpr.	Descump.	Imprec.	Índice
A.5	Determinação para que os órgãos ou os poderes internos deem prosseguimento ou iniciem a persecução penal (e a execução da pena) em face dos responsáveis pela violação dos direitos em tela, bem como punam os que deram causa à não-persecução penal dos responsáveis pela violação.	8	91	3	0,0784
A.6	Determinação para que o Executivo nacional ou estadual regulamente leis ou proponha alterações administrativas procedimentais com base em suas atribuições.	12	55	16	0,1445
A.7	Determinação aos órgãos ou aos poderes internos para que criem, revoguem ou reformem leis (ou adira a Pactos) com vistas a maximizar os direitos humanos.	13	61	12	0,1511
A.8	Determinação aos órgãos ou aos poderes internos comutarem, abrandarem ou a isentarem de pena (ou de seus efeitos) determinada pessoa.	12	9	0	0,5714
A.9	Determinação para que os Poderes constituídos nacionais obriguem os órgãos ou as organizações internas a se absterem de retaliar ou de prejudicarem a vítima ou o peticionário de alguma forma.	1	2	0	0,3333
A.10	Determinação para que o Poder Público elabore uma política pública com finalidade específica.	7	47	13	0,1044

O que há de comum entre todas as ferramentas desse gênero é a impositividade do Estado frente aos órgãos públicos (e seus agentes) ou até mesmo em face de particulares. Não que as ferramentas previstas nas demais categorias não tragam implicitamente algum poder de mando. É que, na verdade, na categoria de autoridade os poderes regulamentar, hierárquico, de polícia e legiferante são colocados em patamar de prevalência.

A primeira ferramenta desse gênero (**A.1**) evoca uma determinação para o Estado (ou particulares) prestar determinadas informações, bem como realizar algum ato administrativo específico. Essa ferramenta acaba funcionando como uma cláusula subsidiária, quando um mandamento mais específico do gênero autoridade (previsto em outra ferramenta) não for objeto da recomendação ou do acordo. Funciona, então, como um tipo de soldado de reserva para as demais ferramentas desse gênero. Há vários exemplos que podem ser mencionados aqui: entrega de documentos à vítima da violação, realização de busca por corpos de pessoas desaparecidas, edesativação de recintos usados para violações de direitos humanos.

Já a ferramenta **A.2** traz limites à atuação postulatória (ou à recursal) do Estado em face dos interesses das vítimas da violação. Os órgãos do Estado são limitados frente ao seu direito de pleitearem algo judicialmente, bem como são proibidos de recorrerem de uma decisão que tenha sido favorável à vítima da violação. A ideia é satisfazer algum interesse da vítima (ou de seu representante legal) por meio do não agir do Estado no processo judicial, diminuindo as chances de eventual reforma de decisão até então favorável. Certamente, essa medida é também adequada para evitar recursos meramente protelatórios que eternizam o processo para a efetivação da reparação das vítimas.

A ferramenta **A.3**, ao revés, determina que o Estado aja no sentido de viabilizar a impetração de recursos para a reforma de uma decisão desfavorável ao direito da vítima da violação ou dos peticionários. É o anverso da ferramenta A.2, mas vai um pouco além. Em verdade, a ferramenta também pode ser usada para assegurar um novo julgamento em favor da vítima, além de garantir o exercício de qualquer outro direito reconhecido para a vítima da violação.

A ferramenta (A.3) traz, presumivelmente, um considerável custo legal para sua implementação. Talvez por isso o seu índice de efetividade geral seja relativamente baixo (0,3125). A justificativa é a de que, a depender de já ter havido trânsito em julgado das decisões judiciais nacionais, não há grande facilidade para se reabrir o caso no âmbito interno.

Nesse caso, a coisa julgada e a própria prescritibilidade do direito de punir do Estado acabam tendo muito importância. Isso pode ser um grande problema, pois a própria CIDH pode estar buscando a reparação de um direito através da violação de outro.

Parece que a CIDH pode já ter notado isso e, como saída, passou a sacar mão da obrigação de o Estado comutar a pena (A.8). Fato é que, quando um novo juízo sobre o caso parecer inviável, a comutação da pena surge como uma possibilidade menos custosa ao governante. Nesse sentido, dentre vários exemplos, está o Caso 12.504 da Guiana.[22] Frise-se que essa outra ferramenta (A.8) traz um índice de efetividade geral um pouco maior (0,5714).

Já a ferramenta **A.4** é adequada àquelas violações humanísticas que versam sobre a perda de cargos, de empregos ou de funções. Nesse instrumento, o governante é obrigado a readmitir pessoas, as quais foram indevidamente desligadas de suas atividades, sendo o Estado obrigado, inclusive, a restaurar todas as vantagens relacionadas ao *status quo ante*. O que há de interessante nessa ferramenta é que, quando dos desenhos das soluções, costuma ser associada àquela elencada no item T.6, que preconiza o pagamento de haveres em face da violação (em geral valores não percebidos no curso do período de desligamento).

A próxima ferramenta a ser descrita (elencada no item **A.5**) é uma das mais importantes do gênero autoridade e, quiçá, de todo o conjunto disponível. Esse mecanismo traz o imperativo

22 "Conceder reparação efetiva, incluindo indenização pelos maus-tratos infligidos aos irmãos Vaux; um novo julgamento das acusações imputadas aos irmãos Vaux, de acordo com as proteções judiciais consagradas na Declaração Americana, ou, na sua falta, a devida revogação ou comutação da sentença".

de o governante ordenar a investigação e a punição dos fatos criminosos que deram origem à denúncia internacional, além de buscar a punição de agentes públicos que não promoveram tais investigações internamente a contento (por suposta leniência).

Além das dificuldades naturais de uma investigação criminal, ainda há os desgastes corporativos. Buscar a punição de agentes públicos (por supostas ações ou omissões administrativas perpetradas no exercício de suas funções), mesmo que já tenham sido alvos de apurações anteriores (com base nos estatutos legais internos), além de criar atrito, podem ofender o ordenamento jurídico pátrio, os quais costumam não permitir dupla investigação, processo ou execução penal em face do mesmo fato (princípio do *ne bis in idem*).

Não parece viável um nacional ser perseguido criminalmente eternamente por um fato criminoso praticado. Essa garantia constitucional da prescritibilidade das infrações penais se encontra assegurada em grande parte das Cartas Constitucionais dos países signatários da Convenção Americana de Direitos Humanos[23].

Dessa forma, parece plausível que o governante se veja impulsionado a descumprir a referida ferramenta, porquanto os custos legais dela são excessivamente elevados. Afinal, trata-se de obrigação de o governante ir contra o ordenamento jurídico nacional para satisfazer uma recomendação internacional, e muitas vezes a prescrição reconhecida internamente impede a concretização dessa ferramenta. Para demonstrar isso, vide o exemplo do Caso 11.605 do Equador.[24]

---

23 No Brasil, poucas são as infrações penais que são imprescritíveis. Estão elencadas no artigo 5º da Constituição Federal, mas precisamente nos incisos XLII, XLIII e XLIV. As demais infrações penais são consideradas prescritíveis, ou seja, o decurso de tempo (elencado no artigo 109 do Código Penal) impossibilita a punição.

24 "O Estado não iniciou nenhuma ação judicial com o objetivo de investigar, processar e punir os responsáveis pelas violações cometidas contra a vítima. Pelo contrário, dado o tempo decorrido até à data, o processo teria prescrito devido ao decurso do prazo de 10 anos previsto no Código Penal a partir da data do acontecimento ou do início do julgamento, sem decisão judicial, nos casos sancionados com pena de reclusão como crime de homicidio".

Na mesma esteira, ainda há o problema derivado do arquivamento de investigações ou mesmo da coisa julgada em face da absolvição de investigados pelas violações denunciadas à CIDH. Ora, quando um caso é decidido em definitivo no âmbito interno, não se pode reabrir investigações e processos, por mais respeitável que seja a sugestão da CIDH. Portanto, só com base em novas provas (substancialmente novas) pode-se falar em reabertura de uma investigação ou de um caso já julgado (revisão criminal); em todo o caso, só se esse fato também não tiver prescrito. Nesse sentido, interessante a justificativa do Estado brasileiro para o descumprimento da ferramenta A.5 no Caso 12.001 do Brasil.[25]

Enfim, esses altos custos talvez possam servir como explicação potencial do porquê da taxa de efetividade geral dessa ferramenta de investigação (A.5) ser muito baixa (0,078), sendo que, quando prevista no desenho de solução do caso, costuma levar o *status* do caso para o descumprimento total ou parcial.

É possível que essa elevada taxa de descumprimento da ferramenta se dê por falta de mecanismos jurídicos que legitimem as autoridades públicas a apresentarem novas denúncias contra agentes públicos, principalmente quando eles já tiverem sido investigados, acusados ou processados. Outra possibilidade diz respeito ao fato de, como demoram anos para que os fatos perpetrados em desfavor das vítimas cheguem à CIDH, é provável que o lastro probatório dessa infração penal tenha se perdido. A chance probatória se esvazia com o passar dos anos, pois os vestígios somem e as testemunhas esquecem detalhes dos fatos.

Há menção no próprio relatório de seguimento da CIDH sobre a decisiva influência de alguns desses motivos (precipua-

25 "O Estado reiterou (...) que, de acordo com a legislação processual do Estado, a investigação só pode ser reaberta se novos fatos ou novas provas forem levados ao conhecimento das autoridades; Acrescenta que o assunto foi remetido à Quinta Promotoria, que procedeu à revisão correspondente e determinou que a investigação fosse novamente arquivada, dada a inexistência de novas provas. A esse respeito, o Estado reiterou que tem promovido medidas e normas jurídicas e constitucionais aceitáveis para desarquivar a investigação, porém, diante da ausência de novas provas, seria impossível reabrir a investigação à luz das possibilidades jurídicas".

mente o fator da perda da chance probatória pelo decurso temporal) para a justificativa da baixa taxa de cumprimento. Nesse sentido, vide o Caso 12.324 da Argentina[26], bem como o Caso 11.783 do Equador[27].

Enfim, continuando a análise das outras ferramentas previstas nesse gênero, passa-se a discorrer sobre a ferramenta elencada no item **A.6**. Esse instrumento enceta uma determinação para que o governante promova a regulamentação de leis ou proponha alterações administrativas procedimentais com base em suas atribuições. Essa ferramenta costuma ser associada à A.7, pois a necessidade de regulamentação frequentemente surge quando uma nova lei inova o ordenamento jurídico de um país. Talvez por isso o índice de efetividade geral delas seja igualmente baixo: 0,1445 (A.6) e 0,1511 (A.7).

A ferramenta prevista no item **A.7** também é de grande relevo. É que nela os custos institucionais ficam mais destacados. Isso porque o presente modelo pressupõe que as barganhas políticas em torno da aprovação de uma lei aumentam os custos imanentes para a implementação de uma política pública. Essa ferramenta ostenta um baixíssimo índice de efetividade geral (0,1511)

Evoluindo um pouco mais nesse gênero de ferramentas, discorre-se sobre a ferramenta **A.8**. Tal mecanismo determina que os poderes constituídos nacionais imponham aos órgãos ou às corporações internas a comutação, abrandamento ou isenção de pena (ou de seus efeitos) em face de determinada pessoa. Essa

26 "O Estado explicou que, com o passar do tempo, a resolução do caso tornou-se difícil. Por sua vez, os peticionários indicaram que a Defensoria Geral se converteu em demandante no caso de coação ilegal e solicitou uma série de medidas probatórias, as quais foram diferidas".

27 "O peticionário informou que a privação arbitrária de liberdade não pôde ser investigada devido ao tempo decorrido desde a ocorrência dos fatos, razão pela qual as ações administrativas e criminais contra os operadores de justiça responsáveis pela morosidade judicial e contra agentes do a polícia responsável pela detenção ilegal prescreveu. Em razão do exposto, e diante da impossibilidade declarada pelo peticionário de contatar a vítima e do cumprimento da prescrição das ações correspondentes, o peticionário solicitou a cessação e ajuizamento das ações de seguimento do acordo de solução amistosa".

medida é muito utilizada quando o pano de fundo é a pena de morte ou a prisão perpétua.

Das 19 oportunidades em que tal ferramenta foi visualizada, em 16 casos estava vinculada a países que adotam a pena de morte ou a prisão perpétua (Argentina 1 caso; Bahamas 4 casos; Cuba 1 caso; Estados Unidos 2 casos; Granada 3 casos; Guiana 1 caso; e Jamaica 4 casos). Só três casos envolvem países (México, Uruguai e Equador) que não adotam a pena de morte e a prisão perpétua como método de sancionamento. Urge dizer que a medida em tela inclui também a retirada do nome do indivíduo do rol dos culpados (antecedentes criminais), como é o caso do que fora utilizado no Caso 12.238 do Equador, país este que não adota a pena de morte ou a prisão perpétua como método de sanção penal.

Já a ferramenta **A.9** é bem peculiar, pois encerra um mandamento de não repetição pessoal, o que destoa um pouco de outras medidas que trazem um mecanismo de não repetição coletiva (A.10 e as medidas genéricas de não repetição, por exemplo). Na ferramenta A.9, a determinação é para que os Poderes constituídos nacionais obriguem os órgãos ou as corporações internas a se absterem de prejudicar a vítima de alguma forma, evitando-se retaliações pessoais, principalmente em face de o peticionário ter buscado as vias internacionais.

Outra importante ferramenta é a trazida à baila no item **A.10**. Sua importância está na sua semelhança com a medida genérica de não repetição (NR). Em ambas se permite a outorga de responsabilidade para que o próprio governante do país violador defina parte do desenho da política pública. O que há de parecido também é que elas ostentam baixo índice de efetividade geral, sendo que a ferramenta NR ostenta 0,083 e a ferramenta A.10 está no patamar de 0,104.

A maior diferença entre essas duas ferramentas é que, na ferramenta A.10, o *policy designer* (seja a CIDH, sejam as partes na solução amistosa) especifica o objeto da política pública a ser desenvolvida, bem como sobre as possíveis ferramentas a serem utilizadas para concretizar essa determinação; ao revés, na medida genérica de não repetição, a menção é muito mais vaga e ampla, seja em relação ao objeto de atuação, seja em relação às ferramentas a serem utilizados. Bom exemplo da ferramenta A.10 pode ser visto no Caso 11.331 dos Estados Unidos.[28] Já a medida NR pode ser observada no Caso 11.382 da Guatemala.[29]

Conclui-se que a ferramenta **A.10** traz uma **outorga vinculada**, sendo que a medida **NR** traz uma **outorga discricionária**. Portanto, enquanto na medida A.10 há alguns limites (vínculos objetivos a serem atendidos), na medida genérica de não repetição o desenho que pode ser realizado pelo governante é muito mais elástico e discricionário, como se nota no Caso 11.556 do Brasil.[30]

O que há de comum também é que as ferramentas A.10 e NR devem ter como alvo uma coletividade indeterminada de beneficiários, não devendo se restringir aos peticionários. Se houver determinação de qual pessoa (ou grupo delimitado) será beneficiado por tais medidas, não há que se falar em incidência de quaisquer dessas duas ferramentas, a exemplo do Caso 11.204 dos Estados Unidos.[31]

A divisão dessas duas ferramentas em classificações distintas e gêneros diversos objetiva demonstrar que, frequentemente, uma possui um pouco mais de objetividade do que a outra. O grau de abstração das medidas genéricas de não repetição causa certa

---

28 "Examine suas leis, procedimentos e práticas para garantir que qualquer estrangeiro preso de qualquer forma, detido ou colocado em prisão preventiva nos Estados Unidos seja informado sem demora de seu direito à assistência consular e que, coincidentemente, o consulado apropriado seja informado sem demora das circunstâncias do estrangeiro, de acordo com as garantias judiciais de devido processo e um julgamento justo consagradas nos artigos XVIII e XXVI da Declaração Americana".

29 "Que adote as medidas necessárias para garantir que não ocorram futuras violações do tipo que ocorreu no presente caso".

30 "Tome as medidas necessárias para tentar evitar que eventos semelhantes ocorram no futuro".

31 "Conceder *aos peticionários* uma reparação efetiva, que inclui a adoção das medidas legislativas e outras necessárias para garantir *aos peticionários* o direito efetivo de participação em seu parlamento nacional, diretamente ou por meio de representantes eleitos livremente e em condições de igualdade".

estranheza; mais parecem medidas programáticas do que algo a ser efetivamente concretizado pelos governantes. Isso, inclusive, acaba sendo percebido também na pequena variação dos índices de efetividade geral delas: a medida NR ostenta 0,083 e a ferramenta A.10 ostenta 0,104. Independentemente disso, no frigir dos ovos, o resultado dessas duas formas de outorga de responsabilidade sobre o desenho da política pública não surte efeitos muito diversos.

5.7.3. Ferramentas de tesouro

As ferramentas de tesouro trazem como peculiaridade o **uso das riquezas da nação** como forma de solucionar os problemas que motivaram a intervenção humanista da CIDH.

Através de um exaustivo estudo do relatório de seguimento de casos da CIDH, bem como das petições de submissão de acordos para chancela da Comissão, é possível aferir a presença de diversas ferramentas do gênero tesouro.

TABELA 8 – Ferramentas de política pública de tesouro

Legenda:

Cumpr. - Casos de cumprimento da ferramenta dentre os casos em que ela se encontra prevista;

Descumpr. - Casos de descumprimento da ferramenta dentre os casos em que ela se encontra prevista;

Imprec. - Casos de imprecisão quanto ao cumprimento/descumprimento da ferramenta dentre os casos em que ela se encontra prevista;

Índice - Índice de efetividade geral da ferramenta.

Sigla	Descrição	Cumpr.	Descump.	Imprec.	Índice
T.1	Determinação aos órgãos ou aos poderes internos para que paguem indenização, imediatamente, às vítimas ou a seus familiares.	88	47	13	0,5945

Sigla	Descrição	Cumpr.	Descump.	Imprec.	Índice
T.2	Determinação aos órgãos ou aos poderes internos para que paguem indenização, parceladamente, às vítimas ou a seus familiares.	2	0	0	1
T.3	Determinação aos órgãos ou aos poderes internos para pagarem pensão por morte aos representantes ou familiares das vítimas.	2	0	1	0,6666
T.4	Determinação para que os órgãos ou os poderes internos promovam a isenção de tributos ou taxas em face das indenizações pagas.	39	3	1	0,9069
T.5	Determinação para que os órgãos ou os poderes internos criem Tribunal *Ad hoc* para fixar *quantum* indenizatório devido às vítimas e/ou seus familiares.	3	3	0	0,5
T.6	Determinação para que os órgãos ou os poderes internos paguem haveres oriundos da violação em tela.	9	5	0	0,6428
T.7	Determinação para que os órgãos ou os poderes internos ordenem que os órgãos ou as instituições internas concedam aposentadoria para a vítima ou a seus familiares.	0	0	0	0
T.8	Determinação para que os órgãos ou os poderes internos concedam condições materiais ou financeiras para a formação educacional e profissional da vítima (e/ou seus familiares), e/ou também conceda moradia ou tratamento de saúde a elas (e a seus familiares).	23	21	0	0,5227
T.9	Determinação para que os órgãos ou os poderes internos apliquem multas como medida de correção de distorções humanitárias.	0	0	1	0

Um ponto precisa ficar bem esclarecido: por mais que a maioria das ferramentas desse modelo pressuponha dispêndio de valores, nem por isso devem ser encaixadas nessa categoria econômicas. Diferentemente dessas outras categorias (que também custam dinheiro para serem implementadas),[32] o capital aqui exerce o papel de vetor principal para a alteração daquela realidade posta. Em resumo, o gênero tesouro não trata o dinheiro como mero instrumento para concretizar outras intenções; na verdade, a transferência de riqueza é a própria ferramenta.

Para exemplificar isso, imagine-se que a CIDH recomende que o Estado institua um curso de aperfeiçoamento para policiais, em face da constatação de que são reiterados os atos de violência por eles praticados. Sabe-se que isso acarretará gastos, mas, ao fim e ao cabo, o que mais importa nessa ferramenta não é o dinheiro dispendido, e sim o convencimento dos agentes públicos por meio das informações que serão ministradas. A informação é o objeto principal das mudanças almejadas, portanto. Neste exemplo, a medida educacional é uma das elencadas no rol das de nodalidade, e não no gênero tesouro.

Diferente disso seria o caso de a CIDH recomendar ao Estado o pagamento de uma indenização para a vítima da violação ou para um parente próximo (peticionário). Aqui é possível notar que o dinheiro exerce papel central na providência, o que aloca tal medida (indenização) na categoria tesouro.

É importante dizer que, na sua idealização original, as ferramentas do modelo NATO restringiam, como regra, o gênero tesouro às transferências econômicas, as quais incentivavam, por subsídios ou desincentivos financeiros, uma determinada atuação positiva ou negativa dos órgãos ou das pessoas.

---

32 Exemplo de custos financeiros imanentes a outras ferramentas de políticas públicas pode ser visto na Petição 133/2004 da Guatemala: "Em relação à preparação de uma carta de reconhecimento de responsabilidade internacional, o Estado afirmou que não poderiam ser especificados os serviços da agência AFP Agence France Press, uma vez que a COPREDEH não dispunha de recursos financeiros para permitir a publicação da referida carta.".

> *Estas transferências podem servir como incentivos ou desincentivos para que os atores privados acompanhem os desejos do governo. A transferência compensa ou penaliza e assim estimula ou desestimula uma atividade desejada, afetando dessa forma os cálculos que os atores sociais fazem sobre os custos e benefícios das várias alternativas.*[33]

Nesses padrões tradicionais do modelo NATO, tal categoria continha as seguintes ferramentas: subsídios, desincentivos financeiros e financiamentos.

Não obstante o exposto, o modelo NATO interamericano traz peculiaridades que obrigam a uma readequação de espécies de ferramentas e de categorias com o fito de atender às peculiaridades do Sistema Interamericano.

Conquanto o pagamento de valores seja uma forma de reparação das vítimas ou de seus parentes próximos (peticionários), não se deve esquecer que miram também no desestímulo de violações semelhantes, principalmente em face da sangria direta do orçamento estatal. Certamente, em uma época de austeridade fiscal, o risco de limitação do orçamento nacional pode ser um forte incentivo para que não se violem direitos humanos. Por isso, enxerga-se um duplo viés nas ferramentas de tesouro: desestimular (pelo risco do custo econômico) violações semelhantes e reparar a vítima da violação (ou responsáveis legais).

É importante mencionar que as medidas de tesouro não são as que impõem maiores limitações aos governantes e, talvez por isso, possuam moderado índice de efetividade geral. Nesse sentido, curioso notar que as ferramentas T.1, T.2 e T.5 possuem índices gerais de efetividade, respectivamente, de 0,5945, 1 e 0,5. Isso indica que a chance de cumprimento de uma dessas ferramentas é de 50% ou mais.

Conquanto o dinheiro não tenha perdido a sua importância para o governante, percebe-se que ferramentas de outras categorias

33 HOWLETT, Michael; RAMESH, M.; PERL, Anthony. *Política Pública*: seus ciclos e subsistemas, uma abordagem integral. Rio de Janeiro: Campus/Elsevier, 2013.

(que não afetas ao gênero tesouro) parecem ter custos de implementação mais *altos* do que elas. Os outros custos (institucional, legal e político), a depender do contexto, exercem maior peso no decisório governamental do que a senda econômica, principalmente no que tange à decisão de não cumprir os desenhos.

Isso posto, vejamos as ferramentas desse gênero.

A ferramenta **T.1** se diferencia da ferramenta **T.2** somente pelo fato de que nesta a indenização dever ser paga parceladamente, enquanto naquela se paga a reparação em uma só parcela. Essa diferença tem relevância prática. É que, como os pagamentos na ferramenta T.2 são diferidos, o *status* de cumprimento total do caso é postergado em face da própria natureza da medida.

O Estado, em suma, mesmo desejando quitar rapidamente suas obrigações, é obrigado a aguardar a exação total das parcelas da indenização, para, só então, figurar como cumpridor total daquela medida. Isso faz com que essa medida seja relativamente inadequada para aqueles países que desejam cumprir rapidamente as obrigações.

Para países que ostentam orçamentos limitativos (o que parece ser uma realidade atual da maioria dos Estados do bloco), a medida T.2 acaba sendo vantajosa, pois evita o impacto imediato e total no orçamento. Portanto, comparando as duas ferramentas em espécie, o diferimento dessa quitação pode ser interessante para os governantes, uma vez que pode diluir a responsabilidade do pagamento com eventuais sucessores.

A CIDH prevê frequentemente esse tipo específico de ferramenta, que depende de um tempo prudencial para ser implementada. É o que a Comissão adota como sendo **ferramentas de trato sucessivo ou dependente de tempo prudencial**.[34] Grife-se que essas são ferramentas inadequadas para governantes

34 "A CIDH destaca que as diversas recomendações formuladas são para o cumprimento de um tratado sucessivo e não imediato e que algumas delas requerem um prazo razoável para serem plenamente implementadas. Portanto, o quadro apresenta o estado atual de conformidade que a Comissão reconhece como um processo dinâmico". CIDH, Relatório Anual. Mar. 2017 Disponível em: <http://www.oas.org/es/

que desejam o rápido cumprimento de determinada solução, seja ela amistosa ou meritória.

Como essas duas ferramentas (T.1 e T.2) apresentam vantagens e desvantagens, espera-se certa equivalência frente aos índices de efetividade delas. O que não aconteceu muito provavelmente pelo fato de a amostragem da ferramenta T.2 ser reduzida (somente 2 casos), sendo que a ferramenta T.1 está vinculada a muitos casos (148).

Já no que tange à ferramenta **T.3**, atém-se ao pagamento de pensão por morte para os familiares da vítima, o que acaba gerando o suposto mesmo dilema citado na ferramenta T.2, a saber, o de uma ferramenta de trato sucessivo. Isso, contudo, não conduziu o índice geral de tal ferramenta para patamares tão baixos. Apesar de vinculado a uma amostragem pequena (3 casos), o índice de efetividade geral se manteve em 0.666.

No que se refere à ferramenta **T.4**, é importante dizer que o entendimento assentado pela Comissão (e também pela Corte Interamericana de Direitos Humanos) é no sentido da impossibilidade de incidir tributos em face das indenizações pagas em decorrência da atuação de tais órgãos.[35]

Dessa forma, a determinação para que os órgãos internos promovam a isenção de tributos ou taxas em face das indenizações pagas se revela uma ferramenta quase tautológica. No entanto, merece figurar como instrumento autônomo porque há custos específicos para que o governante impeça a tributação de valores indenizatórios, tendo limitação das instituições internas. Isenções costumam só ser conferidas por lei e sofrer sérias restrições constitucionais nos ordenamentos dos países, como no caso do Brasil,

---

cidh/docs/anual/2016/docs/InformeAnual2016cap2Dseguimiento-es.pdf>. Acesso em: 06 mai. 2017.

35 "O pagamento que o Estado de El Salvador faz às pessoas sujeitas a este Ato Notarial não está sujeito a impostos atualmente existentes ou que venham a ser decretados no futuro". CIDH, Relatório Anual. Mar. 2017 Disponível em: <http://www.oas.org/es/cidh/docs/anual/2016/docs/InformeAnual2016cap2Dseguimiento-es.pdf>. Acesso em: 06 mai. 2017.

cuja Constituição (artigo 151. III) veda à União instituir isenções de tributos da competência dos Estados, do Distrito Federal ou dos Municípios. Nada obstante, o patamar de cumprimento ferramenta T.4 é extremamente elevado (0,9), o que indica que tais custos não são impeditivos como se esperava.

Continuando a análise do gênero tesouro, merece detalhamento a ferramenta elencada no item **T.5**. Trata-se de determinação para que os Poderes constituídos nacionais constituam um tribunal *ad hoc* para fixar o *quantum* indenizatório devido às vítimas e/ou seus familiares. Aqui o procedimento parece um pouco mais complexo do que a determinação direta de pagamento da indenização, pois é necessário fixar o valor da indenização por meio da deliberação de um conselho especial criado para tanto. Essa medida é extremamente adequada, tendo em vista que permite que o Estado violador também se sinta parte desse arbitramento.

Essa medida não traz custos altos para ser implementada, pois o desgaste interno para se atingir o consenso quanto aos valores da reparação não se equipara ao custo para determinar se uma indenização precisa ou não ser paga pelo Estado violador. Convém salientar que não se entra no mérito da concessão ou não da indenização, mas somente no valor. Isso torna a medida menos dependente de consenso, reduzindo-lhe o custo institucional.

Conquanto o índice de efetividade geral (0,5) da T.5 tenha ficado um pouco aquém do índice acerca da T.1 (0,5945), a diferença entre as ferramentas pode ser explicada pelos parcos 6 casos de aplicação da medida. É possível que, se a amostra fosse maior, o cumprimento efetivo da medida em comento fosse se aproximar ainda mais do índice da ferramenta T.1.

Outro ponto interessante dessa ferramenta é que foi utilizada somente em soluções amistosas da Argentina. Os casos são os seguintes: 12.080, 12.298, 12.159, 12.182, 12.532 e a Petição 21/2005. Insta frisar que nos três primeiros casos citados, houve cumprimento da referida medida; nos três últimos não houve.

Já a ferramenta **T.6** determina que os Poderes constituídos nacionais paguem haveres oriundos da violação humanitária. Essa é outra técnica com bom índice de efetividade geral (0,6428). Não se restringe à aplicação conjunta com a ferramenta A.4, mas não é incomum vê-las associadas. Lembre-se de que a A.4 é comumente vinculada àquelas violações que versam sobre a perda de cargos, empregos ou funções. Nela, o Estado é obrigado a readmitir pessoas indevidamente desligadas de suas atividades, e até mesmo restaurar todas as vantagens relacionadas ao *status* anterior.

Contudo, a ferramenta T.6 vai um pouco além disso. Uma das utilidades percebidas diz respeito à possibilidade de reparação de danos metaindividuais, como são as violações ambientais. No Caso 12.053 de Belize, utilizou-se tal instrumento para reparar o dano ao meio ambiente ocasionado pelas concessões de extração de madeira.[36]

A ferramenta **T.7** versa sobre a determinação para que o governante conceda aposentadoria para a vítima da violação ou para seus familiares. Não se constatou qualquer incidência dessa ferramenta nos casos mencionados no relatório da CIDH, posto que as vítimas (ou os peticionários) podem estar recebendo esses valores a outros títulos, como, por exemplo, pelo pagamento de indenização. Por isso a importância da construção de um conjunto de tipos ideais, o que torna dispensável a aplicação de todas as ferramentas no caso concreto.

A ferramenta **T.8** é, sem dúvida, uma das mais comuns no desenho das políticas públicas recomendadas ou acordadas no âmbito da CIDH, consoante o relatório de seguimento de casos da Comissão. Por meio dela, o governante é obrigado a determinar que se criem condições materiais ou financeiras para a formação educacional e/ou profissional da vítima (e seus familiares), e conceda moradia ou tratamento de saúde a elas e aos seus familiares.

Visa à reparação da vítima e auxílio a seus familiares próximos, ou grupo social no qual se insere, buscando condições para o restabelecimento da dignidade, conferindo-lhes terreno

36 "Reparar os danos ambientais decorrentes das concessões madeireiras outorgadas pelo Estado em relação ao território tradicionalmente ocupado e utilizado pelo povo maia".

fértil para a reinserção na sociedade. O seu índice de efetividade geral é semelhante à das outras medidas de indenização (0,5227).

Por vezes, essa ferramenta acaba padecendo dos mesmos dilemas das medidas de trato diferido (postergada no tempo), o que faz com que o cumprimento da solução fique por demasiado tempo pendente. Exemplo disso é a manutenção do *status* de parcialmente cumprido da ferramenta T.8 enquanto permanecer um estudante recebendo a bolsa de estudos. Esse, inclusive, é o que está narrado no Caso 11.822 do México.[37] De qualquer sorte, note-se que o índice de efetividade geral não é baixo, pois, como visto, a pulverização do cumprimento da medida é um possível forte atrativo para governantes com limitações orçamentárias.

A ferramenta elencada no item **T.9** determina que o governante aplique multas administrativas como correção de distorções humanitárias. Essa medida é interessante, pois ressalta a capacidade autoexecutória dos poderes administrativos do Estado (poder de polícia), sem a necessária intervenção do Poder Judiciário.

Sabendo-se da existência de regramentos administrativos que permitem o sancionamento de condutas ilícitas por meio de multas administrativas, o governante é obrigado a determinar que tais sanções pecuniárias sejam aplicadas com a finalidade de conferir a guinada humanística desejada.

Essa ferramenta tem grande potencial para ser muito utilizada em contextos de conflitos agrários, nos quais haja possibilidade de aplicação de multas pela imposição de condições desumanas de trabalho. Esse mandamento não determina o valor da multa a ser aplicada pelo Estado ao violador da lei, mas que o governante imponha a aplicação de tais mecanismos jurídicos para desestimular determinada situação de violação.

---

37 "Em relação ao tema das bolsas de estudo, o Estado indicou que a Secretaria-Geral de Governo do Estado de Chiapas concede bolsas de estudo desde 2008 em uma base mensal em favor dos 3 beneficiários. A CIDH toma nota desta informação e considera que o Estado tem cumprido esta medida. A esse respeito, a Comissão observa que, no presente caso, a medida inclui a conclusão dos estudos profissionais dos beneficiários. Portanto, a CIDH continuará acompanhando esta medida."

Outra observação importante é que esse dinheiro não sairá dos cofres públicos, e sim do patrimônio do próprio violador dos direitos. Cita-se somente um caso em que houve a aplicação da ferramenta: a solução amistosa ocorrida no Caso 11.289 do Brasil,[38] sendo que não foi cumprida. O índice de efetividade geral da ferramenta é 0, número que deriva dos altos custos legais para se impor a aplicação de uma sanção legal a um particular. Há regras internas que talvez não a permitam, principalmente em face do delongado decurso temporal (prescrição ou decadência, por exemplo) desde a violação.

5.7.4. Ferramentas de organização

De aplicação menos comum no contexto em análise estão as ferramentas pautadas no gênero organização. Têm como objeto principal a criação de órgãos/organizações públicas, a reorganização da máquina pública (administração direta, indireta e paraestatal), bem como a criação de organizações eminentemente privadas, desde que tais atos de **engenharia administrativa** sejam voltados para o atingimento dos objetivos de proteção humanitária.

TABELA 9 – Ferramentas de política pública de organização

Legenda:

Cumpr. - Casos de cumprimento da ferramenta dentre os casos em que ela se encontra prevista

Descumpr. - Casos de descumprimento da ferramenta dentre os casos em que ela se encontra prevista;

Imprec. - Casos de imprecisão quanto ao cumprimento/descumprimento da ferramenta dentre os casos em que ela se encontra prevista;

Índice - Índice de efetividade geral da ferramenta.

38 "Fortalecer o Ministério Público do Trabalho, zelar pelo cumprimento imediato da legislação em vigor, por meio da cobrança de multas administrativas e judiciais, investigação e apresentação de denúncias contra os autores da prática de trabalho escravo; Fortalecer o Grupo Móvel do MTE; Realizar ações em conjunto com o Poder Judiciário e suas entidades representativas, a fim de garantir a punição dos autores dos crimes de trabalho escravo."

Sigla	Descrição	Cumpr.	Descump.	Imprec.	Índice
O.1	Determinação para que os órgãos ou os poderes internos criem órgãos ou setores para investigar, monitorar e/ou prevenir violações aos direitos humanos, seja por lei, seja por ato do Executivo.	4	4	3	0,3636
O.2	Determinação para que os órgãos ou os poderes internos criem cargos, a serem preenchidos por concurso público, seja isso dado por lei, seja por ato administrativo *interna corporis*.	1	1	0	0,5
O.3	Determinação para que os órgãos ou os poderes internos readequem, fortaleçam, remanejem ou reformulem órgãos, servidores, instituições e setores, seja isso dado por lei, seja por ato administrativo interna corporis.	5	3	4	0,4166

O enfoque aqui não é na intervenção do Estado no domínio econômico (o que é perfeitamente defensável), mas sim na possibilidade de o Estado organizar e reorganizar suas agências e corporações e, nesse sentido, realizar uma atividade repaginada em face da anterior que estava sendo prestada. Tudo isso, por óbvio, permeado pelo inegável interesse de evitação de violações humanitárias.

Independentemente de tais ferramentas estarem insertas em categoria diferente do tesouro, são também hábeis a trazer comprometimento orçamentário. Não só isso; elas possuem moderado custo institucional. Afinal, a reorganização de organizações e de agências costuma demandar a mudança de regras postas, o que causa resistência inclusive de grupos afetados pelas mudanças.

Criar um novo órgão, o qual pode competir com atribuições de outros que já existiam, traz resistências internas pela burocracia conservadora (na acepção weberiana), bem como demanda igual rearranjo das normas distributivas de poder (instituições). Isso, por óbvio, reflete-se no índice de cumprimento de tais medidas.

Para exemplificar, o índice de efetividade geral da ferramenta O.1 ficou estabelecido em 0,363, da O.2 em 0,5 e da O.3 em 0,4166. Esses índices mantém certa razoabilidade em sua gradação, pois criar um órgão (O.1) é hipoteticamente mais custoso do que readequar um já existente (O.3). Quanto à criação de cargos, a amostra é tão pequena que é difícil ter uma visão clara sobre os seus custos. De qualquer forma, criar cargos (O.2) realmente aparenta ser menos difícil do que conceber órgãos.

A ferramenta representada pela sigla **O.1** traz a determinação ao governante para que crie órgãos ou setores para monitorar e prevenir violações aos direitos humanos, seja por lei, seja por ato do Executivo. Pouco importa se o ente estatal terá natureza jurídica pública ou privada, ou mesmo se sua condução se dará pelo Estado ou pela própria população interessada. O mandamento é para que se institua um órgão que, inegavelmente, terá uma atuação importante no contexto de direitos humanos (prevenindo, investigando ou monitorando violações a tais direitos), seja integrante da própria estrutura do Estado ou não.

O que há de curioso nessa ferramenta é a possibilidade de utilização ou de criação de entes pelo Estado, mas com viés eminentemente privado. Nesse sentido, materializa um tipo de intervenção reflexa do Estado, o qual age impulsionando (por meio da criação de órgãos) um tipo de autogestão comunitária. No relatório de seguimento de casos da CIDH é possível perceber a criação de instituições (frequentemente fundações) com o fito de, posteriormente, serem entregues à administração popular.[39]

Já a ferramenta **O.2** encerra a determinação de o governante criar cargos, a serem preenchidos por concurso público, seja isso dado por lei, seja por ato administrativo *interna corporis*. É lógico que não são quaisquer cargos, mas somente aqueles que

39 Nesse sentido, vide o Caso 11.625 da Guatemala: "A criação de uma fundação que se chamará Fundação Maria Eugenia Morales Aceña de Sierra para a Dignidade "FUNDADIG", para o qual o Estado assume os trâmites e despesas de sua constituição, registro e reconhecimento de sua personalidade jurídica bem como pano de fundo para seu funcionamento".

tenham algum tangenciamento com a necessidade de proteção aos direitos humanos.

Por fim, a ferramenta **O.3** determina que o governante readeque, fortaleça, remaneje ou reformule órgãos, servidores, instituições e setores, seja isso dado por lei, seja por medida administrativa interna.

5.7.5. Medidas genéricas de não repetição

Foi essencial criar, a partir da constatação de uma determinação genérica que vinha sendo utilizada no contexto interamericano, um novo gênero dentre aqueles originais.

Quando da análise de casos mencionados no relatório de seguimento da CIDH, defrontou-se com expressões mandamentais genéricas em mais de dez oportunidades, as quais conferem **liberdade** para que o governante escolha as ferramentas mais adequadas para **não repetir lesões humanitárias**.

TABELA 10 – Ferramentas de política pública de medida genérica de não repetição

Legenda:

Cumpr. - Casos de cumprimento da ferramenta dentre os casos em que ela se encontra prevista;

Descumpr. - Casos de descumprimento da ferramenta dentre os casos em que ela se encontra prevista;

Imprec. - Casos de imprecisão quanto ao cumprimento/descumprimento da ferramenta dentre os casos em que ela se encontra prevista;

Índice - Índice de efetividade geral da ferramenta.

Sigla	Descrição	Cumpr.	Descump.	Imprec.	Índice
NR	Determinação para que o governante adote quaisquer outras ferramentas- ou conjunto delas - (independentemente do gênero que estejam insertas) para evitar outras lesões humanitárias futuras.	1	9	2	0,0833

É um tipo de carta branca, na qual o governante precisa realizar parcela do desenho da política pública acordada ou recomendada sacando mão de sua discricionariedade. Nessa transferência da incumbência de parte do desenho ao governante, pode ele adotar quaisquer das ferramentas (independentemente do gênero que estejam insertas), desde que lhes pareçam mais adequadas para evitar novas lesões humanitárias (outorga discricionária).

Optou-se por classificar essa medida, ao mesmo tempo, como uma ferramenta de política pública e um gênero de atuação. Primeiro, por estar ela elencada como uma providência concreta a ser adotada (ferramenta); segundo, por abranger, como mandamento genérico, outras providências mais específicas e decorrentes (gênero).

Essa medida, apesar de interessante, deixa o desenho da política pública um pouco mais impreciso, como ocorreu no Caso 11.382 da Guatemala.[40] É fato que tais medidas não fogem da alegação de generalidade e de falta de taxatividade. Salta aos olhos o preocupante grau de abstração, a exemplo do que consta no Caso 11.506 do Paraguai.[41]

Percebe-se que esse tipo de mandamento é demasiadamente aberto, o que o aproxima mais de uma exortação de valores do que algo que possa ser concretizado objetivamente pelo governante, constatação a que se chega pelo exame do Caso 11.658 da Guatemala.[42] Se essa construção mais elástica pode garantir maior flexibilidade quanto a sua adequação no caso concreto, possui também sua aptidão de elevar a insegurança do governante quanto à análise da CIDH sobre seu cumprimento total.

---

40 "Que adote as medidas necessárias para garantir que não ocorram futuras violações do tipo que ocorreu no presente caso".

41 "Tome as medidas necessárias para evitar que esses eventos se repitam no futuro".

42 "Promover na Guatemala os princípios estabelecidos na "Declaração sobre os direitos e deveres das pessoas, grupos e instituições de promover e proteger os direitos humanos e as liberdades fundamentais universalmente reconhecidos", aprovada pelas Nações Unidas, e tomar as medidas necessárias necessário para que a liberdade de expressão daqueles que assumiram a tarefa de trabalhar pelo respeito dos direitos fundamentais sejam respeitados e para que sua vida e integridade pessoal sejam protegidas".

Enfim, na medida genérica de não repetição, a imprecisão e a generalidade são características marcantes. Nessa linha está o Caso 11.556 do Brasil.[43] A menção abstrata e genérica de se evitar violações a determinado direito ou garantia do Homem (considerado em gênero e como direito abstratamente considerado) não permite ao governante uma análise clara sobre seus custos, seus benefícios e até mesmo sobre o seu cumprimento.

Uma das diferenças postas entre tais medidas e a ferramenta A.10 é, inclusive, a precisão e taxatividade do mandamento. Por exemplo, determinar a proteção à vida por meio de quaisquer medidas adequadas ao caso é diferente de pugnar pela proteção da vida através da extinção da pena de morte. A primeira seria subsumida na medida A.10, sendo que a segunda hipótese seria um exemplo de medida genérica de não repetição (NR).

Em outros termos, a grande marca conceitual da ferramenta A.10 é que o *policy design* (seja a CIDH, sejam as partes na solução amistosa) acaba delineando um pouco mais o objeto da política pública a ser desenvolvida, bem como sobre as possíveis ferramentas a serem utilizadas nessa outorga vinculada; ao revés, na NR, a menção é muito mais vaga e genérica, seja em relação ao seu objeto, seja em relação às ferramentas.

A clivagem entre essas duas ferramentas permite investigar se essa de falta de objetividade gradativa pode conduzir a índices ainda mais baixos de efetividade. Essa hipótese parece fortalecida já que a ferramenta A.10 apresenta índice um pouco melhor (0,104) - mesmo tendo sido prevista em cerca de 60 oportunidades - do que o da medida genérica de não repetição (0,083), a qual foi prevista em pouco mais do que 10 vezes.

5.7.6. Complexidade dos desenhos das políticas públicas

Ficou assentado que as ferramentas importam para o sucesso ou não dos desenhos, mesmo que analisadas isoladamente; agora,

43 "Tomar as medidas necessárias para tentar evitar que eventos semelhantes ocorram no futuro".

o que se pretende demonstrar é que o conjunto da obra (*design*) pode importar ainda mais. É por isso que uma das hipóteses é a de que essa complexidade numérica dos desenhos impacta negativamente no decisório do governante em cumprir tais medidas.

A questão seminal é esclarecer se uma maior **combinação de ferramentas** no *design* tem relevância científica para determinar a taxa de cumprimento total da solução, seja ela amistosa, seja ela meritória.

O primeiro ponto a ser evidenciado é que o substrato primário da classificação de complexidade dos *designs* (aptidão formal) são as 5 categorias de ferramentas de políticas públicas utilizadas nos desenhos das soluções no âmbito da CIDH (nodalidade, autoridade, tesouro, organização e medidas genéricas de não repetição). A principal tarefa é criar uma escala na qual a tal mensuração relacione o número total de ferramentas utilizadas em face do número de categorias nas quais elas se inserem.

Para a mensuração de complexidade formal do desenho, não se confere maior peso a uma ou outra ferramenta de política pública, levando em conta que cada uma traz custos variados (e implícitos) para sua implementação, o que pode ser potencializado ou minorado de acordo com o contexto em que está imiscuído o governante. Sobre os presumidos custos imanentes de todas as ferramentas, recorde-se sobre o que se falou do índice de efetividade geral.

Destarte, na aferição da pretensa aptidão formal do desenho, não se adentra no mérito do porquê que, para determinado governante, o problema maior seja o de convencer o Legislativo a aprovar uma lei, e para outros o problema maior consiste no dinheiro para pagar uma indenização.

Em desenhos com o mesmo número de ferramentas, o escalonamento obedece ao número de categorias em que estão distribuídas. Nesse caso, maior diversidade de gêneros é fator indicativo de complexidade um pouco maior, pressupondo a heterogeneidade dos custos prevalentes a cada um dos gêneros. De qualquer sorte, a fórmula dá prevalência ao maior número de ferramentas utilizadas no desenho em face da quantidade de gêneros em que elas se dividem.

TABELA 11 – Complexidade das ferramentas, classificação numérica e recorrência

Classificação numérica crescente da complexidade do desenho	Composição do desenho de acordo com o número de ferramentas x número de categorias do modelo NATO Interamericano	Quantidade de vezes que tal desenho foi encontrado no relatório da CIDH
1	1X1	7
2	2X1	8
3	2X2	8
4	3X1	7
5	3X2	22
6	3X3	6
7	4X1	6
8	4X2	42
9	4X3	12
10	4X4	1
11	5X1	6
12	5X2	17
13	5X3	18
14	5X4	0
15	5X5	0
16	6X1	0
17	6X2	6
18	6X3	13
19	6X4	2
20	6X5	1
21	7X1	0
22	7X2	1
23	7X3	7

Classificação numérica crescente da complexidade do desenho	Composição do desenho de acordo com o número de ferramentas x número de categorias do modelo NATO Interamericano	Quantidade de vezes que tal desenho foi encontrado no relatório da CIDH
24	7X4	3
25	7X5	0
26	8X1	0
27	8X2	0
28	8X3	1
29	8X4	7
30	8X5	0
31	9x1	0
32	9x2	0
33	9x3	1
34	9x4	1
35	9x5	0
36	10x1	0
37	10x2	0
38	10x3	0
39	10x4	1
40	10x5	0
41	11x1	0
42	11x2	0
43	11x3	1
44	11x4	1
45	11x5	0
46	12x1	0
47	12x2	0
48	12x3	0
49	12x4	1
50	12x5	0
51	13x1	0

Classificação numérica crescente da complexidade do desenho	Composição do desenho de acordo com o número de ferramentas x número de categorias do modelo NATO Interamericano	Quantidade de vezes que tal desenho foi encontrado no relatório da CIDH
52	13x2	0
53	13x3	0
54	13x4	0
55	13x5	0

Pelo ranqueamento exposto, a relação 3x1 indica que o desenho contou com três ferramentas, sendo que todas estão dispostas na mesma categoria (por exemplo, 3 ferramentas da categoria nodalidade). Já a relação 3x3 indica que há três ferramentas no desenho, sendo que cada uma delas se encontra em um gênero diferente (por exemplo, uma na nodalidade, uma na autoridade e uma no tesouro). Nesse viés, a metodologia pressupõe que o desenho 3x3, apesar de ter o mesmo número de ferramentas que o *design* 3x1, é mais complexo e, portanto, traz maiores custos para a sua efetivação. Logo, se o aumento do número de gêneros aumenta a complexidade, a função 3x3 encontra-se em escala numérica ordinal de complexidade maior do que está a função para o desenho 3x2 e, por conseguinte, da 3x1.

Quanto mais complexo for o desenho, maiores os custos de sua implementação e, portanto, maior a sua suposta inaptidão formal. Esse atributo é presumido, porquanto o governante pode muito bem implementar quaisquer desenhos que acredite vantajosos, mesmo aqueles que sejam extremamente numerosos e complexos. Por isso, é importante sobrelevar que desenhos muito complexos ostentam uma maior probabilidade - por um viés bayesiano - à inaptidão formal.

5.8. Atemporalidade e variáveis independentes

A decisão de cumprimento das medidas se protrai no tempo, inclusive passando pelas mãos de vários governantes diferentes. Daí, presume-se que todo e qualquer incumbente racional faz o mesmo tipo de cálculo de utilidade esperada acerca de tal cumprimento, o que homogeiniza a pesquisa em um elemento central: a tomada de decisão estratégico-racional desses agentes públicos.

Os casos que tramitam na Comissão Internacional de Direitos Humanos, os quais foram utilizados para parametrizar o modelo, referem-se a demandas jurídicas que tramitam ou estão tramitando nos últimos 15, 20 e até 30 anos.

Conquanto o relatório se restrinja aos procedimentos que tramitaram na Comissão nos últimos anos, isso não indica que os fatos são contemporâneos ao processo que tramitou na CIDH. É preciso lembrar que as violações, para serem apresentadas à Comissão, precisam ter sido negligenciadas pelas autoridades responsáveis dos países-violadores, o que, necessariamente, depreende o transcurso de um tempo razoável.

Outro ponto é que não se percebeu a ocorrência de alterações substantivas nas variáveis da pesquisa, de forma tal que se justificasse uma pesquisa de tempo contínuo acompanhada da correspondente atualização numérica das variáveis independentes. Isso só foi possível por se perceber um cenário histórico de ocorrência de pequenas mudanças incrementais, mas nada que requeira uma pesquisa mais aprofundada dessas oscilações. Daí porque a utilização inalterada de dados acerca das variáveis independentes ter sido a opção metodológica. Por exemplo, as informações, como o PIB, pouco variaram no tempo da pesquisa ou, quando variaram, mantiveram certa proporcionalidade de oscilação em face dos outros países comparados, o que não afeta o cerne da pesquisa.

O manejo das outras variáveis independentes receberam idêntico tratamento, a exemplo das categorias nominais acerca do grau de liberdade dos regimes políticos. Conceitualmente, pesquisas de tempo discreto, se bem construídas, conduzem perfeitamente a resultados aproximados do que seria obtido em face de pesquisas de tempo contínuo.

> Talvez a característica mais distintiva de nossos modelos, em comparação com outras análises da escolha coletiva, seja o lugar central atribuído à pluralidade das decisões coletivas ao longo do tempo. A análise não se destina a explicar a operação das regras de tomada de decisão em questões únicas e isoladas. O problema analítico colocado é o de examinar as regras comparativas para a escolha à medida que as teses se aplicam a muitas decisões distribuídas no "tempo". Qualquer regra deve ser analisada em termos dos resultados que produzirá, não em uma única questão, mas em todo o conjunto de questões que se estendem por um período de comprimento conceitualmente finito.[44]

5.9. Organização das informações

Antes do confronto das informações extraídas do relatório de seguimento de casos da CIDH (publicado em 2017), é necessário realizar uma série de tratamentos nas referidas informações visando a torná-las compatíveis com o presente desiderato científico.

De acordo com as novas tipologias de cada uma das ferramentas, bem como das categorias adstritas ao modelo NATO interamericano, pode ser visualizado o detalhamento de cada um dos 207 desenhos de solução de casos de forma sistematizada.

Por isso, a tabela 5 é inegavelmente a mais importante, pois é nela que se encetam as **ferramentas** que compõem **cada um dos desenhos** das soluções de casos presentes do relatório de seguimento da CIDH. Ali se aglutinam as ferramentas conforme o seu **cumprimento ou descumprimento**. Além disso, traz-se a informação sobre os *status* dos desenhos (se cumpridos totalmente, se parcialmente cumpridos ou se descumpridos) e a **forma de solução** originária (amistosa ou meritória).

A verificação da composição numérica dos *designs* e dos desenhos mais comuns garante uma visão holística sobre quais preponderam. Curioso notar que os desenhos com muitas ferramentas não prevalecem frente aos demais (vide a tabela 11).

---

44 BUCHANAN, James M.; TULLOCK, Gordon. *The Calculus of Consent*: Logical Foundations of Constitutional Democracy. 2 ed. Ann Arbor: University of Michigan Press 1962, p. 116.

Necessário também verificar se os 207 desenhos de solução estudados se vinculam a países unitários ou a federados (forma de Estado), bem como a classificação do país frente ao respectivo grau de liberdade política (fundada na divisão realizada pela *Freedom House*, com pequeno ajuste). A variável *dummy*, no que tange à classificação de liberdade do regime político, aglutina os regimes não-livres e os parcialmente livres, pois aqueles não apresentaram um número significativo para o cruzamento estatístico. Por isso, no que tange ao respectivo grau de liberdade dos países, são categorizados como livres ou não totalmente livres (informações mencionados nas tabelas 2 e 14).

TABELA 12 – Complexidade do design e classificação do regime[45]

Variável	Obs	Mean	Erro-padrão	Min	Max
Complexidade do design	207	11.34	8.42	1	49
Classificação do regime (Freedom House)	207	71.70	15.35	15	99

TABELA 13 - Tipo de solução

Variável	Freq.	Percent	Cum.
Meritória	98	47.34	47.34
Amistosa	109	52.66	100.00
Total	2 07	100.00	

TABELA 14 - Grau de liberdade do regime político

Variável	Freq.	Percent	Cum.
Não-livre ou Parcialmente livre	97	46.86	46.86
Livre	110	53.14	100.00
Total	207	100.00	

45 Com base nas informações coletadas no relatório de seguimento da CIDH e nas informações extraídas do site da *Freedom House* acerca do grau de liberdade dos regimes políticos.

TABELA 15 - Forma de Estado

Variável	Freq.	Percent	Cum.
Federação	84	40.58	40.58
Unitário	123	59.42	100.00
Total	207	100.00	

5.10. Hipóteses

O principal marco de comparação de tais informações é o *status* cumprido totalmente (variável dependente). Presume-se que a escolha desse paradigma é a mais acertada, pois se investiga se as variáveis escolhidas (forma de solução do conflito, complexidade do desenho, forma de Estado e grau de liberdade do regime político) influenciam positiva ou negativamente no atingimento do cumprimento total das soluções.

Nesse sentido, imperioso testar inicialmente se os desenhos pouco complexos (poucas ferramentas e poucas categorias) incrementam as chances de adimplemento total das soluções. Além de buscar confirmação da relação de que, à medida que os desenhos se tornam mais omplexos (tabela 12), as chances de cumprimento total da solução diminuem.

Por fim, importante apurar se, à medida que a complexidade de desenho aumenta, a taxa de descumprimento parcial ultrapassa a de descumprimento total. Essa última hipótese visa a testar a conjectura derivada de que o governante pode, também, optar por cumprir poucas ferramentas (mesmo em desenhos mais complexos) para fugir do *status* de descumpridor total da solução.

Outrossim, necessário verificar se os desenhos vinculados às soluções amistosas incrementam as chances de cumprimento total das soluções. Desenhos amistosos devem trazer menores custos ao governante, porquanto ele mesmo (após avaliar essa relação de custos e benefícios) concorda com a presença de tais ferramentas de política pública no desenho da solução.

Fato é que eles podem, por limitação informacional, acabar escolhendo medidas difíceis de serem cumpridas no âmbito interno. Por isso não se pode prever, utopicamente, que todas as medidas amistosas sejam totalmente cumpridas. De qualquer sorte, só com o cruzamento dos dados (em nível estatístico) é possível testar a hipótese acerca da maior propensão do cumprimento de soluções amistosas em detrimento das meritórias.

Ainda nessa mesma linha de raciocínio, imprescindível averiguar se o grau de liberdade dos regimes políticos aumenta a propensão ao cumprimento total das soluções. Imagina-se que regimes políticos livres têm maior facilidade para aderir a ferramentas advindas de soluções da CIDH, porquanto não há tanta resistência interna (dos próprios eleitores) frente a ingerências humanitárias externas. As próprias instituições (regras) dos países livres tendem a ser mais receptivas à internalização dessas recomendações internacionais.

Por fim, fundamental conferir se a forma do Estado (unitário ou federado) se qualifica como fator que aumenta as chances de cumprimento total da solução. A literatura de Políticas Públicas[46] advoga que países federados possuem maiores dificuldades para implementar as políticas públicas, principalmente em virtude dos maiores custos institucionais para tanto. Os custos para atingimento do consenso - pela existência de mais normas distributivas de atribuições - são hipoteticamente maiores em federações do que em Estados unitários.

5.11. Resultados

O cruzamento das informações acerca da complexidade dos desenhos, tipo de solução dos casos (amistosa ou meritória), o *status* acerca do seu cumprimento (cumprido totalmente, parcialmente cumprido e pendente de cumprimento), a classificação do grau de liberdade do regime (livre ou não totalmente livre) e forma de Estado (unitário ou federado) é capaz de revelar relações positivas bem interessantes.

46 HOWLETT, Michael; RAMESH, M.; PERL, Anthony. *Política Pública: seus ciclos e subsistemas, uma abordagem integral*. Rio de Janeiro: Campus/Elsevier, 2013, p. 68.

TABELA 16 - Determinantes do tipo de cumprimento das soluções da CIDH[47]

Observações:

Cumprida totalmente é a categoria de referência

** p<0.10, ** p<0.05, *** p<0.01*

Erros padrão entre parênteses

Variável	Modelo	
	Parcialmente	Descumprida
Complexidade do design	0.13***	0.074
	(0.04)	(0.05)
Tipo de solução (Amistosa)	-2.25***	-4.90***
	(0.53)	(0.95)
Classificação do regime (Freedom House)	-0.055***	-0.074***
	(0.02)	(0.02)
Grau de liberdade do regime (Livre)	-	-
	-	-
Forma de Estado (Unitário)	-0.083	-2.53***
	(0.44)	(0.78)
Constante	5.26***	7.42***
	(1.58)	(2.25)
Observações	207	
Pseudo R2	0.271	
Log. lik.	-135.63	

De acordo com os dados contidos na tabela, visualiza-se que, à medida que o **desenho da solução** se torna **mais complexo** (consoante modelo trazido na tabela 11), maiores as chances de haver o **cumprimento parcial** do *design*. Curioso, levando em consideração que os dados indicam que à medida que o desenho fica mais complexo, não necessariamente aumentam as chances de descumprimento total. Essas informações vão ao encontro do

47 A partir dos relatórios de seguimentos de casos da CIDH, dados da *Freedom House* e de outras informações de domínio público (forma de Estado).

pressuposto de tomada de decisão governamental. Em virtude de um número ainda maior de ferramentas no modelo, aumentam-se as chances de o governante optar por cumprir uma ou algumas delas e, então, fugir do descumprimento total do caso.

Essa predisposição dos governantes de **não descumprirem todas as medidas** impostas ou acordadas, visando a não se manterem com o status de descumpridores cabais da solução, pode indicar que esse decisório é uma ação mais estratégica do que a decisão pelo descumprimento total da solução.

Um perigoso equilíbrio pode ser atingido à medida que a Comissão fica satisfeita com a retirada do Estado violador da sua inércia esperada, fato esse que pode ser acompanhado pela falta de vontade na criação de um índice ou de uma escala para mensuração gradativa do cumprimento do desenho. Essa conclusão vai ao encontro dos vetores da racionalidade limitada.

Com fulcro no presente modelo de regressão logística multinomial, evidencia-se uma correlação negativa entre a complexidade do desenho e o *status* de cumprimento total dos casos. Isso indica que, independentemente de certas ferramentas importarem custos hipotéticos maiores para seu cumprimento, a quantidade de ferramentas usadas no desenho impacta ainda mais no não cumprimento total da solução de caso.

Frise-se que, independentemente do gênero ou da espécie das ferramentas, essa relação se mostra presente: quanto maior o número de ferramentas, maior a dificuldade de se chegar ao cumprimento total do desenho. É fato que o índice de efetividade geral de ferramentas (o qual possui inegável importância teórica) não pode ser descartado do conjunto explicativo do presente fenômeno, uma vez que possui função explicativa e complementadora frente à hipótese aqui corroborada. Esse índice individual pode ajudar na sintonia fina dessa evidência científica, inclusive apontando com maior clareza para a opção do governante pelo cumprimento de uma (e não de outra) ferramenta elencada no referido desenho, visando a atingir ao menos o *status* de cumpridor parcial da solução.

Outra hipótese é a maior ou a menor propensão de soluções amistosas levarem ao cumprimento total das soluções. Aqui, a relação se mostra ainda mais significativa do que a anterior. Note-se que, independentemente do *design* da política pública, **soluções amistosas** têm maior propensão ao **cumprimento total**, sendo que as decisões meritórias possuem maior tendência ao descumprimento (total ou parcial). Na verdade, à medida que se evolui da solução amistosa para a meritória, afere-se uma gradação percentual do descumprimento parcial para o descumprimento total. Em outras palavras, as soluções de caso meritórias tornam ainda mais provável o descumprimento total da solução do que a execução parcial.

Nesses termos, é possível pressupor que a solução amistosa permite um *design* de solução mais adequado para os envolvidos na contenda interamericana. Isso talvez se dê pelo fato de o governante poder escolher as ferramentas mais adequadas à sua realidade interna, inclusive aquelas que impõem os menores custos. Essa customização do desenho são um forte incentivo para que as soluções consensuadas tendam ao cumprimento total. Não que sempre isso aconteça, até porque é sempre possível que o governante escolha, desinformadamente, medidas que sejam de difícil cumprimento no âmbito interno.

Outrossim, o grau de liberdade do regime político, consoante categorização da *Freedom House,* deve ser testado em face do cumprimento total das soluções. Presume-se que a variável acerca do grau de liberdade do regime político pode funcionar como atalho informacional para se visualizar os hipotéticos custos de um governante na decisão por cumprir ou não uma determinada solução de caso. Imagina-se que essa variável resumiria bem os custos imanentes para se romper com as tradições culturais, legais e institucionais dos países violadores.

Nesse sentido, com o cruzamento das informações, é possível aferir que, à medida que os casos se vinculam a **regimes não tão livres** (classificação essa que congloba os casos de países parcialmente livres e não livres), aumentam-se as chances de que tais soluções ostentem o *status* de **parcialmente cumpridas ou**

descumpridas totalmente. Pressupõe-se, então, que casos vinculados a países livres estão propensos a uma posição mais receptiva frente ao cumprimento das soluções, já que essa roupagem humanística se coaduna com os pilares institucionais e ideológicos de tais sociedades, o que pode assegurar, também, frutos políticos interessantes ao governante autointeressado.

Ao revés, nos casos vinculados aos países menos livres, por haver hipoteticamente maior resistência institucional e ideológica dos governantes às ingerências externas para a correção de distorções desse quilate, não há tantos estímulos ao cumprimento dos desenhos oriundos da CIDH. Esses pressupostos do modelo racionalista acabam ganhando mais consistência com os dados estatísticos. Note que países que não são livres têm, gradativamente, maior propensão ao cumprimento parcial e ao descumprimento total.

Por fim, investiga-se, no que tange aos desenhos de soluções dos 207 casos, se a respectiva forma do Estado (unitário ou federado) mantém alguma relação com uma maior propensão ao cumprimento total das soluções. Espera-se que os países federados, em face dos custos institucionais, legais, econômicos e políticos, apresentem maiores dificuldades para o cumprimento total do desenho. Essa hipótese é fortalecida pelo fato de que existe uma relação evidente, no contexto interamericano, entre os Estados federados e os maiores territórios.

Em havendo um maior território e maior população, parece necessária a existência de uma organização administrativa mais descentralizada, o que, amiúde, acaba caracterizando e impulsionando a nação à forma federativa. Certamente, as federações requerem grandiosas estruturas burocráticas e de poder, trazendo maiores empecilhos para o atingimento de consensos institucionais. Enfim, são essas as premissas do estudo, havendo necessidade de buscar elementos concretos (estatisticamente) sobre a existência ou não dessa relação.

Quando do cruzamento dos dados, essa presunção sai fortalecida, ao se constatar que casos vinculados a **países federados** têm maior propensão ao **descumprimento total** do que em face de países unitários. Ao revés, casos vinculados a países unitários possuem maior propensão a serem totalmente cumpridos.

Esse resultado fortalece a hipótese de que existe menor necessidade de barganha institucional e corporativa para a implementação de um desenho de política pública em países unitários, em virtude dos menores custos para o consenso. O fato de países unitários, via de regra, possuírem menor PIB talvez não seja o fator mais determinante aqui: os custos para o cumprimento vão muito além do dinheiro.

Capítulo 6

MEDIDAS DE CORREÇÃO DO SISTEMA

Análise do relatório de seguimento da CIDH aponta para uma **preponderância de soluções não cumpridas** (total ou parcialmente) em face das decisões cumpridas totalmente. Por isso, parece não ser adequado somente investigar a racionalidade do decisório dos governantes frente ao cumprimento ou descumprimento dos desenhos das soluções, pois isso não conduziria, *per si*, a melhoras do próprio sistema regional. É preciso enxergar a própria racionalidade para apontar possíveis rumos para o problema de eficiência sistêmica. Nesse contexto, exsurgem três possibilidades para **aumentar a taxa de cumprimento** das soluções oriundas da CIDH.

A **primeira medida possível** seria forçar o governante ao cumprimento das recomendações da CIDH por meio de **retaliações** mais contundentes. A força sobrepujaria qualquer necessidade de busca de um viés mais comunicativo, tornando um *player* muito mais forte do que o outro. Nesse caso, surgiria a necessidade de se engendrar uma reforma na Convenção Americana de Direitos Humanos no sentido de possibilitar a exclusão do Estado parte do contexto da Organização Internacional, caso as descumprisse imotivadamente.

Nesse cenário, a Convenção Americana de Direitos Humanos (CADH) deveria ser alterada, pois, atualmente, não há qualquer previsão expressa sobre esse tipo de sancionamento. A melhor forma de fazê-lo seria fazer constar um dispositivo semelhante ao contido no Estatuto do Conselho da Europa:

> Artigo 8º. Qualquer Membro do Conselho da Europa que atente gravemente contra o disposto no artigo 3º pode ser suspenso do seu direito de representação e convidado pelo Comité de

> Ministros a retirar-se nas condições previstas no artigo 7º. Se não for tomado em consideração este convite, o Comité pode decidir que o Membro em causa deixou de pertencer ao Conselho a contar de uma data que o próprio Comité fixa.

Por mais que tal medida seja factível, parece ser uma alternativa **drástica e incongruente** demais em um sistema de proteção que sempre foi mais colaborativo do que coercitivo.

Ademais, aumentar as pressões internacionais poderia afetar despropositadamente a soberania e o equilíbrio internos dos países signatários e, então, crises de legitimidade internas poderiam se instalar.

Os Estados são entidades soberanas que possuem, teoricamente, a autoridade legal de fechar suas fronteiras a toda e qualquer influências externa, se e quando lhes aprouver. Na realidade, porém, é quase impossível que os Estados barrem a influência externa na fronteira, por causa das restrições estabelecidas no sistema internacional. O grau em que um Estado é capaz de afirmar sua soberania depende da severidade das pressões internacionais e da natureza da questão em jogo, bem como das características inerentes ao próprio Estado.[1]

A pressão internacional demasiada é sempre um risco aos Estados, pois pode ocasionar consequências econômicas, sociais e políticas desestabilizadoras para a governança interna.

Além disso, se a possibilidade de exclusão do país se tornasse viável, haveria fortalecimento demasiado de um dos atores envolvidos nesse contexto, qual seja a Comissão. Fortalecer excessivamente a coercitividade da CIDH não necessariamente contribuiria para um agir colaborativo entre os jogadores, o que poderia impulsionar a Comissão para desenhos de recomendações cada vez menos preocupados com a realidade socioeconômica dos

1 HOWLETT, Michael; RAMESH, M.; PERL, Anthony. *Política Pública*: seus ciclos e subsistemas, uma abordagem integral. Rio de Janeiro: Campus/Elsevier, 2013, p. 85.

governantes. Daí, o ciclo vicioso de rigidez e de descumprimento poderia até se agravar.

Outrossim, mesmo que essa exclusão fosse permitida, tal medida não garantiria que as recomendações humanísticas seriam implementadas, nem as anteriores, ou tampouco as que poderiam advir. Na verdade, existiria a possibilidade de que essa exclusão agravasse a situação de respeito aos direitos humanos naquele país, pois não haveria mais a mesma pressão externa oposta àquele governante. Isso certamente colocaria na berlinda a própria função da CIDH como órgão pivotal do sistema regional de proteção aos direitos humanos, pois a incumbência protetiva principal acabaria *transferida* e *limitada* aos próprios governos nacionais expulsos do Sistema Interamericano.

A **segunda alternativa possível** diz respeito à possibilidade de se **transferir**, totalmente, a **responsabilidade** do desenho da política pública humanitária para o próprio governante do Estado violador, ficando a CIDH responsável pela análise da efetividade das políticas públicas delineadas e implementadas pelo governante local. Nesse caso, a Comissão recomendaria que o governante solvesse aquela problemática, sem que lhe fixasse a metodologia ou mesmo as ferramentas que deveriam ser utilizadas.

Por mais que essa descentralização pareça ser mais democrática e, portanto, mais eficiente, não se acredita que essa seja uma medida salomônica. Até porque o próprio relatório de seguimento da CIDH já indica que tal liberalidade não traz tão bons resultados quanto se poderia esperar, ao menos no presente momento de evolução das poliarquias americanas.

Um bom indício disso é o de que a efetividade de duas medidas de transferência de atribuição do desenho de políticas públicas, que estão elencadas nas soluções de casos previstos no relatório de seguimento da CIDH, trazem taxas de cumprimento baixas. As medidas são: A.10, qual seja a determinação para que o Poder Executivo elabore uma política pública com finalidade específica; NR - a medida genérica de não repetição, a qual outorga ao Estado a possibilidade de adotar quaisquer medidas para que problemas humanitários semelhantes não mais ocorram.

O que há de interessante nessas duas medidas de política pública é que trazem uma outorga para que o próprio governante implemente as ferramentas que acredite necessárias para atender a um determinado ponto do desenho da solução. Entretanto, essa discricionariedade não trouxe tão bons resultados como se esperava, o que vai ao encontro da hipótese trazida no modelo de que essa outorga de responsabilidade ao próprio Estado não tem a aptidão de trazer grande efetividade ao contexto interamericano como se poderia esperar.

Outro argumento em desfavor dessa solução é que, se o Estado permitiu que sua ação ou omissão desencadeasse o peticionamento junto à CIDH, essa discricionariedade frente ao desenho também pode ser alvo de semelhante propensão leniente.

Enfim, a **terceira via possível** seria a obrigação de a CIDH **ponderar a complexidade** de seus desenhos de políticas públicas humanitárias em face do país violador, até mesmo quando a solução for amistosa. Isso mostra a importância de se evidenciar a relação positiva entre a complicação do desenho e a taxa de cumprimento das soluções, a partir do reconhecimento de que algumas medidas são mais difíceis de serem cumpridas do que outras.

Na verdade, não só a CIDH necessita estar ciente dessas conclusões, mas também as partes quando realizam um acordo. A carência de informações sobre o cumprimento das ferramentas (como as que serão desnudadas adiante) pode impedir que os *players* percebam as dificuldades intrínsecas no adimplemento de determinadas medidas.

Se ficar evidenciada a existência de desenhos mais complexos e ferramentas mais tendentes ao descumprimento, pode-se considerar que a CIDH pode estar jogando contra os seus próprios interesses quando continua a elaborar (ou homologar) soluções que não corrigem tais mazelas. Essa postura fomenta que o país violador descumpra as recomendações, e isso acabe abalando a credibilidade da CIDH como organização reguladora. É possível que a Comissão Interamericana de Direitos Humanos esteja produzindo o que se convencionou chamar na literatura racionalista de **consequências não intencionais**.

As consequências não intencionais mais surpreendentes pioram a situação de todos. Sartre referiu-se a isso como *contrafinalidade*, usando a erosão como exemplo. Quando os fazendeiros tentam obter mais terras derrubando árvores, podendo acabar perdendo terras porque o desmatamento em grande escala leva à erosão. Instâncias de contrafinalidade abundam. Quando todos ficam em pé para ter uma visão melhor do jogo, ninguém consegue e todos se cansam de ficar em pé.[2]

Medidas para aumentar a taxa de cumprimento das soluções da CIDH
- **forçar** o governante a **cumprir** as recomendações da CIDH por meio de retaliações mais contundentes - **críticas**: alternativa **drástica e incongruente** com um sistema colaborativo
- **transferir** totalmente a **responsabilidade** do desenho da **política pública** humanitária para o próprio governante do Estado violador, ficando a CIDH responsável pela análise da efetividade das políticas públicas delineadas - **críticas**: medidas já existentes e com outorga de discricionariedade não trouxeram tão bons resultados
- **readequar** a CIDH o padrão de **complexidade de seus desenhos de políticas públicas** humanitárias em face do país violador, até mesmo quando a solução for amistosa

2 ELSTER, Jon. *Peças e Engrenagens das Ciências Sociais*. Rio de Janeiro: Relume-Dumará, 1994, p. 118.

Capítulo 7

CONCLUSÃO

Foram analisadas as recomendações e os acordos que constam no relatório de seguimento de casos da Comissão Interamericana de Direitos Humanos, contido no Informe Anual publicado em 2017, consoante o espectro de seu cumprimento ou não pelos governantes dos Estados violadores.

O padrão de decisão governamental foi verificado com base nos hipotéticos múltiplos custos que permeiam tal tomada de postura. Portanto, o estudo multifatorial das arenas locais (campo organizacional) permitiu evidenciar uma série de restrições e de estímulos em face da decisão racional de governantes e de organizações que jogam tal jogo internacional (CIDH).

Daí porque variáveis *proxy* foram essenciais para o presente modelo de atuação, porquanto seria tarefa extremamente difícil mensurar todos os fatores que influenciam o decisório do governante. Por isso, em virtude da dificuldade natural de aferição isolada desses custos, decidiu-se por presumi-los pela própria complexidade do desenho da solução e pela forma de solução da demanda, além de fazê-lo com base em fatores contextuais internos relevantes, como é o caso do grau de liberdade do regime político e a forma de Estado.

A principal justificativa para a realização desse estudo foi a constatação de que não havia um trabalho que investigasse a relação entre os custos de implementação das ferramentas de política pública que compõem as soluções travadas na CIDH e os respectivos decisórios racionais dos governantes acerca do cumprimento ou não dos desenhos.

O modelo de tomada de decisão racional comunga dos pressupostos de que os governantes (bem como as vítimas de violações de direitos e garantias fundamentais e a própria Comissão Interamericana de Direitos Humanos) sempre agem no sentido de maximizarem as suas vantagens, sempre ao menor custo possível.

A limitação ocasionada por mandatos transitórios traduz fator explicativo importante no processo decisório do governante. O agente, ao se defrontar com uma solução muito complexa da CIDH e inclusive firmada em gestão anterior à sua, acaba ponderando ainda mais sobre os custos oriundos do risco de perda de apoio político interno e externo (viés político), das limitações oriundas de período de austeridade fiscal (viés orçamentário), da dificuldade de realização arranjo institucional voltado à implementação da medida (viés institucional) e, por fim, até mesmo a viabilidade legal de adoção daquela medida (viés legal).

Tanto no que tange aos custos da decisão, quanto em relação às próprias ferramentas do modelo, foram utilizados tipos ideais para facilitar o encaixe do que se percebe no relatório de seguimento da CIDH e o que decidimos considerar como definição conceitual adequada para os institutos.

Essa constatação da existência de ferramentas padrão elencadas no relatório de seguimento de casos da CIDH deu origem ao agrupamento delas em categorias e em gêneros, utilizando-se como inspiração o modelo NATO. Só após esse complicado trabalho de distribuição dessas ferramentas em gêneros e em espécies, passou a ser possível analisar a complexidade dos desenhos de soluções e, portanto, o índice de efetividade geral de cada uma das medidas.

Os presumidos custos para se implementar as soluções, no que tange à complexidade das ferramentas e dos desenhos de solução, foram enfocados em face de dois grandes eixos: a presumida aptidão formal e a presumida aptidão material das ferramentas/desenhos. A presunção de aptidão formal diz respeito à estrutura complexa do desenho da solução, levando em consideração o número de ferramentas de política pública e em quantos gêneros elas estão divididas. Já a presunção de aptidão material dará o enfoque no tipo de ferramentas que estão sendo inseridas em tal modelo (precipuamente aquelas que possuem índice de efetividade geral baixo). Realizar-se-á testes estatísticos frente à suposta aptidão formal dos desenhos visando a confirmar a hipótese aqui investigada, sendo que a presumida aptidão material terá o caráter de mero complemento explicativo para essa primeira relação.

Percebe-se, portanto, que uma das principais finalidades da pesquisa foi a de funcionar como um estímulo externo e informacional, a fim de sensibilizar os vários envolvidos no referido contexto internacional a mudarem suas posturas.

Foi possível observar as nuances dos desenhos de políticas públicas humanitárias oriundas da Comissão Interamericana de Direitos Humanos, inclusive a forma com que eles impulsionam o governante ao seu cumprimento ou descumprimento. Compreender como e por que os governantes agem nesse viés, bem como quais são os fatores que contribuem para uma maior efetividade das soluções, é um importante vetor para indicar ao Sistema Americano de Direitos Humanos rumos ainda mais promissores.

Restaram demonstradas as circunstâncias que ajudam a explicar a decisão de cumprir ou não uma política pública oriunda da CIDH. Daí a tentativa de sobrelevar algumas variáveis - mesmo que aproximadas - que representam os custos implícitos a que a decisão governamental se encontra vinculada.

Nesse ponto, os desenhos complexos, a forma da solução do caso, a forma de Estado e o grau de liberdade de regime político foram eleitos como variáveis independentes a fim de saber se a decisão dos governantes de cumprir tais desenhos realmente mantém uma relação com tais circunstâncias.

O governante faz sempre uma análise de custos e de benefícios para só então deliberar se cumpre ou não determinada solução oriunda da Comissão Interamericana de Direitos Humanos. Trata-se de um tipo de cálculo de utilidade esperada.

O mandatário leva em consideração, presumidamente, os seguintes custos: institucionais (como é o caso da dificuldade imanente às articulações políticas para se alcançar a aprovação de uma lei); econômicos (como é o caso dos gastos com pagamento de indenizações vultosas); políticos (perda de apoio político em virtude da priorização do orçamento para a realização de políticas humanitárias em detrimento das demais necessidades da população) e legais (as barreiras legais e constitucionais que impedem a aplicação total das medidas recomendadas pela CIDH – ou convencionadas com a vítima da violação - como é o caso da prescrição, da coisa julgada, da anistia, bem como da incidência da teoria da perda de uma chance probatória).

A tentativa de isolar tais custos em categorias herméticas só se mostrou útil para fins analíticos e teoréticos. Enfim, os custos institucionais, políticos, econômicos e legais são academicamente independentes, mas entrelaçados no mundo pragmático. Até porque é perceptível que os quatro tipos de custos estão presentes em todas as ferramentas do modelo NATO Interamericano, seja em menor ou em maior magnitude. Por isso, o gênero de uma ferramenta diz respeito ao elemento utilizado com primazia para realizar a mudança da realidade social almejada (informação, dinheiro, poder de mando, etc.).

O tratamento dos referidos custos não deve restringi-los a valores econômicos, por mais que se saiba que quaisquer ferramentas a serem implementadas custarão cifras do orçamento estatal. Nota-se que nem sempre é a senda econômica que norteia a baixa efetividade da ferramenta, havendo uma dificuldade ainda maior na efetividade de ferramentas que demandam grandes arranjos institucionais e legais. Indicativo disso é que ferramentas de tesouro possuem mediano índice de efetividade geral, sendo que medidas de autoridade não apresentam bons índices.

E com o tratamento de tais informações, é possível determinar o quão complexos eram os desenhos de soluções vinculadas a cada um dos 207 casos estudados. Tudo por meio da associação dessas informações a dados sobre a forma de solução do caso (amistosa ou meritória), a forma de Estado (unitário ou federado) e ao grau de liberdade do regime político (livre e não tão livre).

Tal cruzamento multifatorial de dados permite importantes achados científicos, dentre eles o de que a pequena complexidade dos desenhos das políticas públicas recomendadas ou acordadas no âmbito da CIDH têm relação positiva com a taxa de cumprimento total do desenho da política pública. Ao revés, constatou-se que quanto maior for a complexidade do desenho (e os seus custos presumidos, por conseguinte) reduzem-se as chances de cumprimento total da solução.

Curioso é que o incremento da complexidade do desenho tem relação direta com o cumprimento parcial da solução. Afinal, age estrategicamente o governante que (quando não tenha a intenção de cumprir totalmente a solução) optar por cumprir poucas (ou uma só) ferramentas, visando a fugir do *status* de descumpridor total da solução.

Constata-se, também, que há ferramentas mais afetas ao cumprimento do que outras. Aqui o enfoque não se dá no desenho da solução como um todo, mas, sim, nas suas partes integrantes (ferramentas). Para tanto, o índice de efetividade geral das ferramentas tem papel essencial. Esse achado é um bom indicativo de que determinadas ferramentas não devem ser usadas de forma indiscriminada nos desenhos das soluções de caso, porquanto isso acaba incrementando as chances de não cumprimento delas e, por conseguinte, dos desenhos de solução dos quais fazem parte.

O índice de efetividade geral das ferramentas é algo que precisa ser melhor trabalhado até mesmo para nortear pesquisas mais profundas sobre a opção estratégica do governante em cumprir uma ferramenta (em detrimento de tantas outras) no caso de decidir por cumprir somente parte da solução, visando a fugir do *status* de descumpridor cabal.

Outro importante indício diz respeito à hipótese de que, a depender da forma que se deu a solução do caso, encontra-se uma maior ou menor propensão ao cumprimento total do *design* da política pública. Com o cruzamento das informações, surgem elementos que vão ao encontro da hipótese de que as soluções amistosas têm maior propensão ao cumprimento total, sendo que, em se evoluindo para a solução meritória, maiores são as chances, respectivamente, de cumprimento parcial ou mesmo total descumprimento. Esses resultados estão em consonância com o que preconiza o modelo teórico, o qual assevera que a participação dos envolvidos no desenho da solução potencializa as chances de cumprimento total da solução, porquanto é possível que o governante possa mensurar melhor os custos de implementação das ferramentas que vão compor o referido desenho.

Dentre outras variáveis para se presumir os custos de implementação dos desenhos das soluções estão o grau de liberdade do regime político dos países, bem como a forma de organização do Estado violador (unitário e federado).

A forma de Estado (federado ou unitário) tem aptidão de representar alguns custos impostos aos governantes, o que facilita ou dificulta o cumprimento total do desenho das soluções. Até porque a forma de organização de um Estado traz implícita uma grande gama de restrições e de estímulos internos ao decisor político, a saber, o tamanho da população, a complexidade da burocracia e das instituições do país e o próprio Produto Interno Bruno (PIB).

No contexto interamericano, países federados costumam ter maiores PIBs, bem como ostentarem maiores população e território, tornando-os mais propensos a uma máquina burocrática maior e, por conseguinte, adstritos a elevados custos para o atingimento de consenso interno. Por isso, a forma de Estado funciona como um variável aproximada (*proxy*) em face de outras possíveis relações de custos implícitos. Essas derivações embutidas são importantes pois indicam que países Federados possuem relevantes custos institucionais, políticos, econômicos e legais do que países unitários, ao menos no que tange ao assunto tratado na presente obra.

Nesse sentido, esclarecedor notar que, estatisticamente, há maior propensão ao cumprimento total quando os casos estão vinculados a países unitários, mesmo que, em regra, possuam menos dinheiro em caixa. Já os países federados possuem menor propensão ao cumprimento total das medidas, aproximando-se mais do cumprimento parcial das soluções do que do descumprimento total.

Já no que tange ao grau de liberdade do regime político, pode-se aferir que, à medida que os casos se vinculam a países categorizados como não tão livres (somatório do *status* parcialmente livre e não livre), vai se fortalecendo a propensão ao descumprimento total ou parcial dos desenhos das soluções. Isso indica que os custos institucionais, legais e políticos são menores em países livres e agem em prol da internalização de tais soluções humanitárias da Comissão; ao revés, no que tange a países não tão livres, parece haver uma resistência muito maior ao seu cumprimento. O papel das ideias democráticas e republicanas subjacentes a regimes mais livres pode ser um fator explicativo adequado.

Enfim, de posse de todos os pressupostos, dados e conclusões, acredita-se que a obra presta sua contribuição às Ciências Política e Jurídica, possibilitando melhores decisões dos governantes na implementação dos direitos humanos, e com isso o aumento do grau de efetividade de seu sistema de proteção.

BIBLIOGRAFIA

ACCIOLY, Hildebrando; NASCIMENTO e SILVA, Geraldo Eulálio do. *Manual de Direito Internacional Público*. 15 ed. São Paulo: Saraiva, 2002.

ARON, Raymond. *As Etapas do Pensamento Sociológico*. 4 ed. São Paulo: Martins Fontes, 1997.

AVRITZER, Leonardo. *A moralidade da democracia*: ensaios em teoria habermasiana e teoria democrática. São Paulo/Belo Horizonte: Perspectiva/Editora da UFMG, 1996.

BARROS, Gustavo. Herbert A. *Simon and the concept of rationality*: boundaries and procedures. Revista de Economia Política, 2010, vol. 30, n. 3, p. 455-472.

BENDER, Katja; KELLER, Sonja; WILLING, Holger. *The Role of International Policy Transfer and Diffusion for Policy Change in Social Protection* - A Review of the State of the Art. IZNE Social Protection Working Paper, International Centre for Sustainable Development (IZNE), Bonn-Rhein-Sieg University of Applied Sciences, 2015. Disponível em: <http://econpapers.repec.org/paper/sauiznewp/1401.htm> Acesso em: 20 jan. 2017.

BERK, Gerald; DENNIS. Galvan. *How People Experience and Change Institutions*: A Field Guide to Creative Syncretism. Theory and Society, v. 38, n. 6, 2009.

BLAU, Peter M. *Exchange and Power in Social Life*. New York: John Wiley & Sons, Inc, 1964.

BICUDO, Hélio. *A Comissão Interamericana de Direitos Humanos: funções e atuação*. In: A proteção internacional dos direitos humanos e o Brasil. Brasília: Superior Tribunal de Justiça, 2000.

BONAVIDES, Paulo. *Ciência política*. 10. ed. rev. e atual. São Paulo: Malheiros, 1999.

BOURDIEU, Pierre. *O poder simbólico*. 13 ed. Rio de Janeiro: Bertrand Brasil, 2010.

BUCHANAN, James M.; TULLOCK, Gordon. *The Calculus of Consent*: Logical Foundations of Constitutional Democracy. 2 ed. Ann Arbor: University of Michigan Press 1962.

CANÇADO TRINDADE, Antônio Augusto. *Direito das organizações internacionais*. Belo Horizonte: Del Rey, 2012.

COLLINS, Randal. *Quatro tradições sociológicas*. Petrópolis. Editora Vozes, 2009.

COSTA, Adriano Sousa. RORIZ, João. As recomendações e as soluções amistosas da Comissão Interamericana de Direitos Humanos: política, preferências e cumprimento. *Revista do Serviço Público*. Brasília: ENAP, 2020, no prelo, DOI https://doi.org/10.21874/rsp.v71i3.3786.

DAVIS, Morton D. *Teoria dos Jogos*: Uma Introdução não-Técnica. São Paulo: Cultrix, 1973.

DAHL, Robert Alan. *Poliarquia*: participação e oposição. São Paulo: Edusp, 1997.

DELLA PORTA, Donatella. *Social Movements in Times of Austerity*. Cambridge: Polity, 2015.

DONNELLY, Jack. *Universal Human Rights in Theory and Practice*. 3 ed. Ithaca: Cornell University Press, 2013.

DOWNS, Anthony. *Why the Government budget is Too Small in a Democracy*. World Politics, v. 2, n. 14, p. 541-563, 1960.

DOWNS, Anthony. *Uma teoria econômica da democracia*. São Paulo: Edusp, 2013.

ELSTER, Jon. *Peças e Engrenagens das Ciências Sociais*. Rio de Janeiro: Relume-Dumará, 1994.

ELSTER, Jon. *Ulisses liberto: estudos sobre racionalidade, pré-compromisso e restrições*. São Paulo: Unesp, 2010.

GALDINO, Flávio. *Introdução à teoria dos custos dos direitos* – direitos não nascem em árvores. Rio de Janeiro: Renovar, 2005.

GIDDENS, Anthony; TURNER, Jonathan (Org.). *Teoria social hoje*. São Paulo: Unesp, 1999.

GOMES, Luiz Flávio; PIOVESAN, Flávia. O *Sistema Interamericano de proteção dos direitos humanos e o Direito Brasileiro*. São Paulo: Revista dos Tribunais, 2000.

GROS ESPIELL, Héctor. *La Convention américaine et la Convention européenne des droits de l'Homme: analyse comparative*. In: Recueil des Cours de l'Academie de Droit International de la Haye, n. 218, pp. 167-411, 1989.

HAYEK, F. A. *The Road to Serfdom*. Londres: Routledge and Kegel Paul, 1976.

HEYNS, Christof; PADILLA, David; ZWAAK, Leo. *Comparação esquemática dos sistemas regionais de direitos humanos: uma atualização*. SUR: Revista Internacional de Direitos Humanos, São Paulo, v. 3, n. 4, p. 161-162, jan./jun. 2006.

HOOD, Christopher. *The tools of Government*. Chatham, NJ: Chatham House, 1986.

HOWLETT, Michael. *From the 'old' to the 'new' policy design: design thinking beyond markets and collaborative governance*. Policy Sciences, v. 47, n. 3, p. 187-207, set. 2014.

HOWLETT, Michael; RAMESH, M.; PERL, Anthony. *Política Pública*: seus ciclos e subsistemas, uma abordagem integral. Rio de Janeiro: Campus/Elsevier, 2013.

LAWRENCE, Thomas B.; SUDDABY, Roy; LECA, Bernard. *Introduction: theorizing and studying institutional work*. In: _____ (Org.). Institutional work: actors and agency in institutional studies of organizations. Cambridge: Cambridge University Press, 2009. p. 1-28.

LEVITSKY, Steven; ZIBLATT, Daniel. *Como as democracias morrem*. Rio de Janeiro: Zahar, 2018.

LIN, Nan. *Social capital: a theory of social structure and action*. Cambridge: Cambridge University Press, 2001.

MARCH, James G.; SIMON, Herbert A. *Organizations*. 2 ed. Cambridge: Blackwell, 1993.

MAYNARD, S. *A evolução do sexo*. São Paulo: Unesp; 2012.

OLSON, Mancur. *A lógica da ação coletiva*. São Paulo, Edusp, 1999.

PIOVESAN, Flávia. *Direitos Humanos e o Direito Constitucional Internacional.* 15ª ed. São Paulo: Editora Saraiva, 2015.

PIOVESAN, Flávia. *Direitos humanos e justiça internacional: um estudo comparativo dos sistemas europeu, interamericano e africano*. São Paulo: Saraiva, 2013.

PUTNAM, Robert D. *Comunidade e democracia*: a experiência da Itália moderna. Com Robert Leonardi e Raffaella Y Nanetti. Rio de Janeiro: FGV, 2006.

SCHÄFER, Armin; STREECK, Wolfgang. Introduction: Poltics in The Age os Austerity. In: _____ (Org.). *Politics in The Age of Austerity*. Cambridge: Polity, 2013. p. 1-25.

SCHMIDT, Vivien A. *Discursive institutionalism: the explanatory power of ideas and discourse*. Annual Review of Political Science, v. 11, p. 303-26, jun. 2008.

SCHUMPETER, Joseph A. *The crisis of the tax state*. In: SWEDBERG, Richard (Org.). Joseph A. Schumpeter: The economics and sociology of capitalism. Princeton: Princeton University Press, 1991.

SIMON, Herbert A. (1957) *Models of Man, Social and Rational: Mathematical Essays on Rational Human Behavior in a Social Setting*. New York: John Wiley and Sons.

SIMON, Hebert A. 1990. *Invariants of human behavior*. Annu. Rev. Psychol. 41:1–19.

TAVARES, Francisco Mata Machado. *Deliberação e capitalismo*: uma crítica marxista ao pensamento de Habermas. Curitiba: Appris, 2016.

TSEBELIS, George. *Jogos ocultos*: Escolha racional no campo da política comparada. São Paulo: Edusp, 1998.